CONNAÎTRE EN CITATIONS

Collection dirigée par
Adelino Braz

LACAN

Emmanuel Maudet
Agrégé de philosophie
Enseignant en classes
préparatoires à Nantes

Dans la même collection

- *Arendt*, Mathieu Cochereau
- *Aristote*, Sébastien Bassu
- *Bergson*, Alain Panero
- *Bourdieu*, Adelino Braz
- *Deleuze*, Daniel Adjerad
- *Descartes*, Solange Gonzalez
- *Foucault*, Baptiste Jacomino, Faustine Jacomino
- *Freud*, Emmanuel Maudet
- *Hegel*, Christian Godin
- *Heidegger*, Sébastien Camus
- *Hume*, Benoît Gide-Honoré
- *Kant*, Adelino Braz
- *Machiavel*, Jérôme Roudier
- *Merleau-Ponty*, Patrice Vibert
- *Pascal*, Bernard Grasset
- *Platon*, Hervé Bonnet
- *Rousseau*, Pascal Bouvier
- *Sartre*, Patrice Vibert
- *Spinoza*, Éric Delassus
- *Wittgenstein*, Florent Basch

ISBN 9782340-025646
© Ellipses Édition Marketing S.A., 2018
32, rue Bargue 75740 Paris cedex 15

Le Code de la propriété intellectuelle n'autorisant, aux termes de l'article L. 122-5.2° et 3°a), d'une part, que les « copies ou reproductions strictement réservées à l'usage privé du copiste et non destinées à une utilisation collective », et d'autre part, que les analyses et les courtes citations dans un but d'exemple et d'illustration, « toute représentation ou reproduction intégrale ou partielle faite sans le consentement de l'auteur ou de ses ayants droit ou ayants cause est illicite » (art. L. 122-4).
Cette représentation ou reproduction, par quelque procédé que ce soit constituerait une contrefaçon sanctionnée par les articles L. 335-2 et suivants du Code de la propriété intellectuelle.

www.editions-ellipses.fr

s croyons donc pouvoir désigner dans l'imago l'objet propre de la psycholo
:tement dans la même mesure où la notion galiléenne du point matériel in
ndé la physique. • *les lois de l'intersubjectivité sont mathématiques.* • Dès
t impossible de ne pas axer sur une théorie générale du symbole une nou
sification de sciences où les sciences de l'homme reprennent leur place cen
ant que sciences de la subjectivité. • *Je veux pourtant qu'on sache que qu*
ens entendre Claude Lévi-Strauss, c'est toujours pour m'instruire. • *le col*
'ndividuel, c'est strictement la même chose* • … *notre signifiant S(A) […] S*
te Claude Lévi-Strauss […] a-t-il voulu y reconnaître l'effet d'un symbole z
s c'est plutôt du signifiant du manque de ce symbole zéro qu'il nous paraît s
notre cas. • *La parole apparaît donc d'autant plus vraiment une parole qu*
té est moins fondée dans ce qu'on appelle l'adéquation à la chose : la vraie
s'oppose ainsi paradoxalement au discours vrai, leur vérité se distinguant
que la première constitue la reconnaissance par les sujets de leurs êtres e
s y sont intéressés, tandis que la seconde est constituée par la connaissa
éel, en tant qu'il est visé par le sujet dans les objets. • *Car qu'est-ce d'autre*
s cherchons dans l'analyse, sinon une vérité libératrice ? […]. Si la vérité
s cherchons est une vérité libératrice, c'est une vérité que nous allons cherch
point de recel de notre sujet. C'est une vérité particulière. • *Aristote – il est p*
difficile d'imaginer dans toute l'histoire de la pensée humaine un esprit d
puissance… • Quand l'homme cherchant le vide de la pensée s'avance d
eur sans ombre de l'espace imaginaire en s'abstenant même d'attendre ce
n surgir, un miroir sans éclat lui montre une surface où ne se reflète rien. • N
endons que l'esthétique transcendantale est à refaire pour le temps où la
tique a introduit dans la science son statut incontestable : avec la structure
e par l'articulation signifiante comme telle. • *Ainsi Freud se trouve-t-il appo*
olution au problème qui, pour le plus aigu des questionneurs de l'âme a
Kierkegaard – s'était déjà centré sur la répétition. • À l'opposé de cette trad
osophique, il est quelqu'un que je voudrais tout de même ici nommer. […] •
noza. • *L'absurde est une catégorie un petit peu commode depuis quelque ter*
tes des mots croisés. • … *l'éthique tragique, qui est celle de la psychanalyse.*
voit bien qu'il y a quelque chose qui ne va pas dans le désir d'Hamlet. • Qu
ction du peintre est tout autre chose que l'organisation du champ de la re
tation où le philosophe nous tenait dans notre statut de sujet. • … *les po*
ne savent pas ce qu'ils disent, c'est bien connu, disent toujours quand mêm
ses avant les autres. • … *il est faux qu'on puisse dire que l'interprétation, co*
'a écrit, est ouverte à tout sens sous prétexte qu'il ne s'agit que de la liaison
ifiant à un signifiant, et par conséquent d'une liaison folle. L'interprétation
ouverte à tout sens. • *Nul doute que l'analyste ne puisse jouer du pouvo*
bole en l'évoquant d'une façon calculée dans les résonances sémantique
propos. […] Nous y pourrions prendre référence de ce que la tradition hindo

À Clotilde Leguil,
dont la bienveillance avisée m'est précieuse

Table des matières

Introduction

A. La réinvention de la psychanalyse

1. Une ambition d'abord scientifique…	**17**
Elle tourne !	17
La mathématique	21
La révolution linguistique	25
La structure	29
2. … qui s'affirme néanmoins originale	**33**
Psychanalyse versus anthropologie	33
Un nouveau schiboleth	37
Adéquation et identité	41
La science de l'homme par excellence	45
3. La philosophie est dénoncée…	**49**
Aristote	49
Descartes	53
Kant	57
Kierkegaard	61
4. … au nom de la vraie éthique du désir	**65**
Ce qui compte, c'est le désir	65
L'absurde n'est pas sérieux	69
Résoudre, dissoudre, absoudre	72
Plutôt ne pas être	76

B. Son extension

1. L'art — 83
L'énigme d'Hamlet — 83
La peinture décryptée — 87
L'envers du symptôme — 91
Ce dont on ne peut parler, il faut le montrer — 95

2. La religion — 99
Critique de l'Évangile selon Lévy-Bruhl — 99
Quand Jung rivalise avec Böhme — 103
Les planètes ne parlent plus ! — 107
Ce que croire en Dieu veut dire — 111

3. Malaise dans le symbolique — 115
Le propre de l'homme — 115
L'originalité psychanalytique — 119
Le mot de passe — 123
De Saussure à Sisyphe — 127

4. La mode analytique — 131
Le droit de cité — 131
Les ingénieurs de l'âme — 135
Un contresens averti — 139
La peste éradiquée — 143

C. Sa pratique

1. Le retour à Freud — 149
L'agalma freudienne — 149
L'inconscient structuré comme un langage — 153
La passion du signifiant — 157
Le refoulement originaire — 161

2. Le style de Lacan — 165
Qui parle ? — 165
L'art du contredire — 169
Arrière cocotte — 173
Le Gongora de la psychanalyse — 177

3. La formation de l'analyste — 181
Le divan de Procuste — 181
Que nul n'entre ici s'il n'est géomètre — 185
Le savoir, symptôme de l'ignorance — 189
Ce moment où commence le véritable voyage — 193

4. La partie analytique — 197
Une rencontre — 197
Le désir de savoir — 201
Miroir, mon beau miroir, dis-moi qui est la plus belle ? — 205
Le vrai est toujours neuf — 209

Conclusion

Courte bibliographie des textes lacaniens

Introduction

> « Tu es celui qui me suivra(s) »
> *Séminaire III*, page 315.

Ce n'est pas peu dire que Lacan (1901-1981) se trouve soumis à des jugements contradictoires et des lectures antagonistes : salué comme un génie par les uns, il est dénoncé comme un imposteur par les autres. Qu'a-t-il donc fait pour apparaître si clivant ? Après des études de médecine, il passe une thèse en psychiatrie en 1932, encadrée par des citations à Spinoza. Puis c'est à Hegel qu'il se forme, en suivant le séminaire de Kojève, qui l'interprète en centrant sa lecture sur un épisode de la *Phénoménologie de l'esprit*. Mais Lacan ne dédaigne pas non plus Heidegger, qu'il mixera sans souci avec Lévi-Strauss et Jakobson. Le psychiatre surprend donc d'abord en n'ayant pas peur de braconner en terre philosophique. Manifestement, il dérange aussi : son parcours professionnel d'après guerre se trouve en effet rythmé par une série d'expulsions. Président de la société psychanalytique de Paris, il est démissionné en 1953 et rejoint alors la Société française de psychanalyse, fraîchement créée. Mais la nouvelle entité se bat pour être reconnue par l'IPA, seule instance officielle à accréditer des analystes dans le sillage de Freud, ce que finalement elle obtiendra, après dix ans de tractations… à la condition expresse de se débarrasser de Lacan. Ce dernier la quitte donc et fonde, en 1964 ce qui deviendra son école, l'École freudienne de Paris. Deux ans plus tard, la publication de ses *Écrits* renforce sa position exceptionnelle d'être le seul à se revendiquer de Freud tout en étant jugé hérétique par ses héritiers officiels. Il est à l'époque affilié au courant structuraliste en vogue, dont il anticipera d'ailleurs le déclin. Quoi qu'il en soit, exclu mais reconnu, l'IPA ne peut que constater l'insolent succès du dissident. C'est qu'au-delà de ces vicissitudes, Lacan tient, semaine après semaine, son séminaire, privé d'abord, fameux ensuite, mondain enfin. C'est là qu'il expose son travail et prolonge méthodiquement son exploration du corpus freudien. L'érudition et l'intelligence qui s'y déploient en font un haut lieu de la vie intellectuelle parisienne. Ce n'est toutefois que tardivement que Lacan décide d'en proposer une version écrite, tâche immense qu'il confie à Jacques-Alain Miller, rencontré au moment où son séminaire se tenait, avant là encore d'en être mis à la porte, à l'École Normale Supérieure, et c'est ce dernier qui fonde, en 1981, l'École de la cause freudienne, qui maintient et prolonge aujourd'hui l'enseignement de Lacan.

Mais pourquoi Lacan clive-t-il autant ? En raison de son ambition sans ambages : Freud est un génie, hélas la psychanalyse se meurt, il convient donc de la réinventer. Quoi qu'on en pense, impossible de ne pas reconnaître qu'il bouscule plus d'un savoir constitué, à commencer par l'antique philosophie. Et pourtant, sa pensée corrosive reste scandaleusement absente du programme officiel des classes de terminale. Cela peut-il se justifier ? Sans doute est-ce d'abord parce que l'époque contemporaine dénigre la psychanalyse. Cela s'explique ensuite peut-être en raison de l'accointance de la pensée lacanienne avec celle de Lévi-Strauss et Jakobson. Leurs propres programmes de recherches en effet se sont essoufflés : le structuralisme est passé de mode. Enfin, surtout, Lacan n'a-t-il pas quelque chose de proprement infréquentable ? Après tout, l'IPA le met à la porte, et les structuralistes n'ont pas été enchantés par son ralliement embarrassant. Infréquentable, en tout cas inclassable, Lacan est-il bien sérieux ? Mérite-t-il la peine d'être lu avec attention ? N'est-il pas, la chose est de notoriété publique, insupportable et illisible ? Après tout, peut-être que si Lacan n'a pas encore sa place officielle au panthéon des plus grands, c'est parce qu'il ne la mérite guère… On aura deviné que nous ne le pensons pas. Mais une chose est de le croire, une autre de pouvoir le prouver. Ce petit livre n'a pas d'autre sens que d'essayer, après et avec d'autres, d'en esquisser la démonstration. C'est dans cette perspective d'une part que nous avons essayé de commenter les citations sélectionnées, et d'autre part de les relier de manière à faire paraître, par-delà une théorisation affolante, des intuitions exploitées, des trouvailles époustouflantes, des solutions géniales. Comme Lacan ambitionne de réinventer la psychanalyse, il ne nous a pas semblé inopportun de reprendre, pour cet ouvrage, l'architecture ayant présidé à celui écrit sur Freud dans la même collection. Trois questions, ordonnant trois parties, ont ainsi commandé notre lecture : pour Lacan, en quoi consiste la psychanalyse ? À quels domaines s'applique-t-elle ? Comment s'y former ? Ce sont dans les *Écrits* et les séminaires contemporains, principalement, que nous avons cherché nos réponses à ces questions de bon sens[1].

Et pour commencer notre travail, pour donner un échantillon de notre manière de lire, pourquoi ne pas s'attaquer à une citation qui semble se prêter parfaitement à la double critique précédemment rappelée d'avoir affaire, avec Lacan, à un penseur fanfaron et abscons ? Quand celui-ci lance en effet à son auditoire, à la fin du *Séminaire III*, un « tu es celui qui me suivra(s) », n'affirme-t-il pas en effet, de manière à la fois tortueuse et péremptoire qu'étant donné l'importance de ce qu'il énonce, il faudra désormais, d'une manière ou d'une autre, prendre en compte ses chères découvertes ? La citation mise en exergue épinglerait ainsi Lacan dans ce qu'il a apparemment de plus insupportable : excessivement compliqué, ridiculement prétentieux. Est-ce bien le cas ? Cette citation ne mérite-t-elle pas une meilleure lecture ?

À la découvrir, le lecteur se demande d'abord pourquoi Lacan déterre une règle méconnue qui laisse aux locuteurs le choix de l'accord du verbe dans la subordonnée entre la deuxième et la troisième personne du singulier. Cette question posée, jointe à la distinction que l'usage opère entre l'élection que signale la deuxième personne et l'indifférence que dénote la troisième personne, admet une réponse simple et immédiate. Procédant ainsi, Lacan condense en effet en une unique proposition le couple parole pleine / parole vide qui pilote alors son enseignement. On sait en effet qu'il sépare sévèrement les phrases apparemment identiques : « tu es mon maître » et « je suis ton élève ». Qu'on ne s'y trompe pas, la seconde est plus prétentieuse que la première, attendu que sous couvert de poser un fait objectif, elle dénote l'orgueil de celui qui s'enferme dans sa solitude, tandis que la première, à l'évidence plus osée, s'avère en réalité plus modeste de laisser à la guise de celui qui l'écoute le choix d'en décider. Voilà donc l'alternative existentielle qui se retrouve, sous une forme subtilement condensée, dans le « tu es celui qui me suivra(s) ». Reste à voir toutefois pourquoi Lacan la reformule de cette manière.

---

1. Toutes les citations sont extraites d'ouvrages publiés aux éditions du Seuil.

Là encore, la réponse est simple : Lacan condense en une unique écriture l'alternative précédemment rappelée parce qu'il tire les conséquences de sa théorie élaborée dans *La Lettre volée* qu'il entrecroise avec son repérage du nom du père comme signifiant spécial. Dans ce texte fondateur, qui ouvre les *Écrits*, et dont la juste saisie, nous apprend-il, commande toute lecture convenable de sa pensée, Lacan affirme qu'une lettre arrive toujours à destination, c'est-à-dire pour aller à l'essentiel que, d'une manière ou d'une autre, nous finissons toujours par payer nos dettes. Ce que nous montre la lettre volée, c'est que l'existence commence toujours par l'interception d'un message inachevé dont le sujet est d'autant plus fier qu'il pressent qu'il n'en est pas le légitime possesseur. Qu'en fera-t-il ? La gardera-t-il follement pour lui, ou bien osera-t-il répondre à celui qui, dès avant sa naissance, l'attendait pour lui poser sa question ? Voilà ce que Lacan avance dans le *Séminaire II*, et voilà donc pourquoi, dans le suivant, il corrige la prise d'initiative de la parole pleine en libre réponse adressée à celui qui nous a devancés.

Ainsi, à supposer avec Lacan qu'à tout être humain incombe la tâche de savoir ce qu'il fera de la dette qui l'a vu naître, l'oraculaire « tu es celui qui me suivra(s) » prend tout son relief, non pas d'être ridicule rodomontade mais précieuse écriture de l'implacable loi avec laquelle de manière singulière tout un chacun se trouve aux prises. Pour nous, cette citation n'est donc ni obscure ni prétentieuse, mais tout au contraire impeccable en sa construction et généreuse en son intention. Elle enseigne que parler revient à répondre. Et c'est pour entendre, avec elle et toutes les autres, la voix de Lacan de la bonne manière que nous entreprenons l'écriture de ce petit livre, désormais convaincu qu'il est lâche de laisser son admiration en déshérence.

A. La réinvention de la psychanalyse

1. Une ambition d'abord scientifique...

Elle tourne !

 Nous croyons donc pouvoir désigner dans l'imago l'objet propre de la psychologie, exactement dans la même mesure où la notion galiléenne du point matériel inerte a fondé la physique.

Propos sur la causalité psychique,
Écrits, page 188.

Idée

 Qui ne connaît Galilée, père fondateur de la physique moderne, initiateur d'une nouvelle façon d'envisager le monde, fossoyeur d'une conception erronée de la nature ? Voilà précisément le nom que Lacan lance en pleine joute oratoire… vraie bannière pour celui qui part en guerre contre les théories fausses et obsolètes qui pullulent en psychiatrie, terre encore ignorante, hélas, de toute saine investigation scientifique !

Contexte

Les *Propos sur la causalité psychique* furent tenus lors d'un colloque de psychiatrie. Lacan y soutient, contre un collègue et ami, une thèse qui refuse l'origine corporelle de la folie. Il en propose une autre cause. Son argumentation a ceci de remarquable qu'elle combine les contraires : d'un côté, il se dégage du déterminisme matériel au nom d'une psychogénèse réaffirmée, tandis que de l'autre, il reprend à son compte la plus haute ambition scientifique. Ce serait donc, paradoxalement, celui qui croit que le fou l'est par un dysfonctionnement du corps qui s'avérerait manquer à l'exigence scientifique.

Commentaire

Dans ce très riche texte beaucoup de choses méritent de retenir l'attention. Parmi celles-ci, se trouve incontestablement la référence à Galilée, immanquable dans la citation mise en exergue. Pour bien en saisir la portée, il faut se rappeler qui est le personnage, quel rôle il joua dans l'avènement d'une nouvelle manière d'envisager la nature. Avant le XVIIe siècle, tout ce que l'homme savait n'était le plus souvent que songes, sornettes, superstitions. Auparavant on se trompait beaucoup, on délirait parfois… mais avec Galilée, et quelques autres, la pensée commence enfin à pénétrer les secrets de la nature. Le vrai devient enfin accessible. L'illustration la plus simple en est donnée dans le mouvement des astres. N'est-il pas évident que la Terre tourne autour du Soleil ? La chose n'est-elle pas incontestable ? Elle l'est à nos sens, mais est-elle bel et bien vraie pour autant ? Pour que cette question fasse sens, encore faut-il s'exercer quelque peu à l'astronomie. Cette discipline s'attaque à ce que nous observons dans le ciel et entreprend de dégager les lois qui rendent compte des astres. Assez rapidement, l'idée d'un mouvement céleste universel surgit : les étoiles participent toutes de la même lente rotation circulaire… Mais voilà que des corps, sur fond de ce mouvement circulaire, surgissent d'avoir un comportement différent. D'ailleurs, à bien les regarder, leur éclat diffère. Les étoiles scintillent, tandis que ces autres corps, eux, brillent sans intermittences. Voilà donc d'autres corps, radicalement distincts, par leur éclat et leur trajectoire. Les Grecs les nomment planètes, les astres errants. C'est que leur mouvement pose de graves difficultés à ceux qui veulent trouver des lois aux astres, les astronomes. De complexes solutions sont ainsi inventées, dont la plus fine est celle de Ptolémée. Pour simplifier, les planètes, comme les étoiles, tournent en rond, simplement elles le font autour d'un point qui lui aussi est un mouvement autour d'un cercle… Ce dispositif ingénieux, couplé à d'autres trouvailles similaires, permet de rendre compte de ce que nous observons dans le ciel.

Évidemment, tout cela est complexe, mais tout cela fonctionne. Qu'apporte Galilée, en quoi fait-il rupture ? Il n'est certes pas le premier à envisager l'hypothèse de l'héliocentrisme. Il n'était pas le seul, ni même le premier, à avoir eu l'idée qu'il serait peut-être plus simple, mathématiquement, de supposer que les corps tournent autour du soleil que de la terre. Hypothèse qui contredit certes l'évidence de nos sens, mais qui a l'avantage considérable de supprimer les fastidieux systèmes rendant compte de l'apparente rétrogradation des planètes dans le ciel, par rapport aux étoiles. En changeant d'hypothèse majeure, les choses se simplifient grandement. Certes, mais ce n'est pas Galilée qui trouve cela… alors, qu'apporte-t-il ? L'usage de la lunette lui permet d'observer que certaines planètes ont des satellites. Cela n'a l'air de rien, cela change tout : Galilée a la preuve empirique qu'il existe quelques corps qui ne tournent pas autour de la Terre. À partir de là, les fondements mêmes du géocentrisme s'ébranlent. Une révolution est en marche. Qui est donc Galilée ? Celui, d'abord, qui par une simple observation, défait beaucoup de ce que nous croyions auparavant, et initie, par là, une manière nouvelle, et supérieure, d'appréhender le monde qui nous entoure. Quand Lacan cite cet illustre nom dans son texte, il reprend ainsi à son compte l'ambition freudienne illustrée dans *Une difficulté de la psychanalyse*. Bref, oser citer Galilée dans un congrès de psychiatrie, c'est dire en somme que l'époque géocentrique se termine et qu'une nouvelle ère commence.

 Vocabulaire

La révolution scientifique : La science, telle que nous la connaissons, n'apparaît qu'au XVIIe siècle ; on prend souvent pour l'illustrer le passage du géocentrisme à l'héliocentrisme, en pensant que nous aurions enfin su la vérité… Mais comment l'avons-nous apprise ? Personne n'a vu la Terre tourner autour du Soleil ! Et personne n'a besoin de la voir pour en être sûr : la révolution scientifique, plus intéressante et mystérieuse qu'on ne le croit d'ordinaire, ne découvre pas tant la vraie nature du réel qu'elle l'aborde différemment. Avec elle, une nouvelle manière d'appréhender le monde s'impose.

Portée

Lacan ne manque pas d'ambition : il n'hésite pas à citer le nom de Galilée, l'homme avec qui l'antique système savant commence de s'effondrer. Ce faisant, il déclare, en bonne et due forme, la guerre à l'encontre de conceptions sur la folie jugées obsolètes. Lui aussi veut tout changer… Aurait-il, à l'instar de Galilée, pointé sa lunette sur quelque fait révolutionnaire ? Sans doute la folie est-elle riche d'enseignements. Mais il y a autre chose encore. La science, en effet, ne se réinvente pas tant au XVIIe siècle parce qu'elle observe mieux le réel, que parce qu'elle le lit différemment. Et de cela aussi, Galilée, est l'éclatant symbole.

La mathématique

 les lois de l'intersubjectivité sont mathématiques.

*Situation de la psychanalyse
et formation du psychanalyste en 1956, Écrits, page 472.*

Idée

 Galilée n'est pas seulement célèbre parce qu'il a eu l'intelligence d'user d'un instrument nouveau pour interroger le ciel… il l'est aussi en raison d'une affirmation fameuse, qui exprime avec simplicité et exactitude ce qu'il trouve, à savoir que la nature est écrite en langage mathématique. Voilà l'affirmation que Lacan reprend à son compte. Pour lui, les hommes, comme les étoiles, semblent assujettis à un déterminisme scientifiquement accessible.

Contexte

On peut lire *Situation de la psychanalyse et formation du psychanalyste en 1956* comme un texte atemporel et l'exploiter de manière à faire ressortir les dangers inhérents à la pratique et la formation de l'analyste. On peut également l'envisager sous un angle historique, et se demander alors ce qui distingue notre époque de celle qui s'y trouve dépeinte, ce qui revient en somme à s'interroger sur les efforts initiés par Lacan pour nous en extraire. On peut enfin la relire sans questionnement préconçu. Impossible alors de ne pas tomber sur cette affirmation sidérante.

Commentaire

On l'a vu précédemment, Lacan n'hésite pas à se saisir du nom de Galilée. C'est dire son ambition… c'est dire également sa méthode. Ce dernier, en effet, est universellement célèbre pour avoir proclamé que la mathématique régit l'univers. Nul ne s'en était manifestement aperçu avant lui. Ainsi, la physique aristotélicienne, qui réécrite à la lumière de la révélation divine, avait donné naissance à la tradition scolastique, distinguait encore physique et mathématique comme deux champs distincts. L'idée d'une physique mathématique n'était, pour les disciples, d'Aristote, qu'une aberration. Quand, à la fin du XVIIe siècle, Newton publie les *Principes mathématiques de la philosophie naturelle*, il enterre donc par là même le cosmos aristotélicien. Il est fini le temps où la pensée étudie d'abord Dieu, parfait et existant, les corps vivants ensuite, imparfaits mais réels, puis, en troisième et dernière position, les objets mathématiques, parfaits mais inexistants d'être abstraits. Désormais la mathématique n'est plus le fruit d'une artificielle réflexion mais l'outil le plus concret qui soit, d'être le matériau de Dieu créateur lui-même.

La référence lacanienne à la mathématique, tout d'abord, est donc logique. Fidèle à Galilée, conséquent dans son ambition de repenser sa discipline et de la fonder scientifiquement, Lacan affiche naturellement sa prétention à trouver les formules mathématiques régissant le fonctionnement de l'homme. La phrase pourtant ne peut pas passer inaperçue. C'est que Lacan ose combiner ce qui, logiquement, s'avère inconciliable, à savoir mathématique et intersubjectivité. Dire des lois de l'intersubjectivité qu'elles sont mathématiques, cela fait certes sens par rapport à la citation précédemment exposée, où il était question de fondation de la physique, de refondation mathématique de ce qui allait devenir au sens propre une science. Mais cette vague de signification s'oppose au mur que constitue l'autre partie de la phrase, parce que s'il y a bien quelque chose en effet qui s'oppose à la mathématique, c'est, normalement, l'intersubjectivité elle-même. Reprenons.

L'intersubjectivité, qu'est-ce que c'est ? Le fait que les sujets soient non seulement en relation les uns les autres, mais essentiellement définis du fait de ces connexions. L'intersubjectivité est donc, au sens fort, l'affirmation que la relation à l'autre est constitutive du sujet lui-même. Elle est, en cela, l'autre nom de notre humanité. Voilà donc le domaine que Lacan entreprend de mathématiser. Or, au même moment que le monde se révèle être écrit en langue mathématique, l'homme s'en extrait de ne pas y être, lui, assujetti. À côté de Galilée qui révèle que le grand livre de la nature est écrit en mathématique, Descartes proclame que l'homme est désormais comme maître et possesseur de la nature.

S'il en est, après le Seigneur Dieu, le maître, c'est bien parce qu'il en connaît les lois, sans s'y soumettre lui-même. Et la science, depuis, d'une certaine manière, repose encore sur le dualisme cartésien, un dualisme impensé peut-être, mais un dualisme maintenu. Ainsi, même les neurologues les plus affirmatifs signent encore leur livre, preuve qu'ils considèrent qu'ils l'ont, eux, écrit. Bref, l'explication par la cause finale, qui s'effondre dans le monde de la nature à partir du XVIIe siècle, survit intégralement en l'homme.

Voilà qui revient à supposer que la mathématique qui se retrouve partout ailleurs ne pénétrerait pas dans le domaine de la conscience, du libre arbitre, de l'intériorité pensante. Tandis que les choses extérieures se fixent d'être écrites en langage mathématique, l'homme, lui resterait foncièrement libre. Est-ce bien le cas ? N'est-ce pas là au contraire la limite actuelle de la science ? La révolution galiléenne, qui a fait de si grands progrès, n'est-elle pas encore, dans le champ de l'homme, à accomplir tout entière ? C'est en tout cas le pari de Lacan : affirmer que les lois de l'intersubjectivité sont mathématiques, cela revient à considérer que le geste galiléen s'est interrompu, et qu'il convient de le prolonger, d'achever en somme le mouvement de la science ! Et d'étendre donc jusqu'à l'intériorité pensante le déterminisme scientifique.

> ### 🔎 Vocabulaire
>
> **La mathématique** : C'est pour le moins rare que l'usage autorise, pour une discipline, le singulier et le pluriel. C'est le cas pour le champ mathématique, qui au pluriel évoque la diversité des domaines, des méthodes et des objets tandis qu'au singulier le mot attrape ce qui fait l'exceptionnel de cette discipline. La mathématique, qu'est-ce que c'est, si ce n'est ce langage épuré à l'extrême qui, mystérieusement, se retrouve tout à la fois en notre esprit et dans la nature ? Les scientifiques, depuis le XVIIe, l'exploitent tandis que les philosophes le questionnent. Il faut dire qu'à l'instar de Dieu, il s'agit d'un de ces très rares thèmes qui permettent, très vite, d'atteindre le cœur d'une pensée.

Portée

Soutenir que les lois de l'intersubjectivité doivent être mathématiques est une chose, en apporter la preuve en est une autre. Qu'est-ce qui fait que Lacan peut oser soutenir pareille thèse ?

La révolution linguistique

 Dès lors, il est impossible de ne pas axer sur une théorie générale du symbole une nouvelle classification de sciences où les sciences de l'homme reprennent leur place centrale en tant que sciences de la subjectivité.

Fonction et champ de la parole et du langage,
Écrits, page 285.

Idée

 Lacan ambitionne de mathématiser l'homme, c'est-à-dire d'achever la révolution scientifique initiée par Galilée au XVIIe siècle. L'entreprise est audacieuse, mais elle ne demandait pas que du courage pour apparaître… Il fallait encore, au chercheur intrépide, quelque preuve de sa faisabilité. Voilà précisément ce qu'apportent les progrès fulgurants réalisés dans le domaine de la linguistique, première authentique science de l'homme.

Contexte

Tous les textes ramassés dans les *Écrits* sont importants, mais peu le sont autant que *Fonction et champ de la parole et du langage*. Il faut dire que Lacan lui-même date le début de son enseignement de 1953. On croit comprendre pourquoi : vrai programme de recherche, le psychanalyste y déplie une de ses thèses centrales : l'inconscient est structuré comme un langage. Lacan le martèle comme une évidence… Mais pourquoi donc ne l'avait-il pas formulé auparavant ?

Commentaire

La référence à Galilée indique une ambition, mais également une méthode. L'objectif est clair : la rupture radicale, le chemin poursuivi aussi : pour cesser de rater le réel et se mettre, pour de bon, à l'épingler, il convient de faire des mathématiques. Certes, mais encore faut-il être capable d'y arriver. Pendant longtemps, la mathématisation de la biologie a piétiné et l'essentiel de ses avancées s'est fait de manière tout à fait distincte. Mathématiser l'homme, n'est-ce pas une belle mais creuse formule ? Ce n'est évidemment pas ce que pense Lacan, qui considère que l'heure est venue de pouvoir s'essayer à quelques formalisations. Il tire cette assurance des récents progrès, considérables, effectués dans le champ de la linguistique. Il juge en effet qu'une révolution a eu lieu en ce domaine, révolution qu'il est possible de reproduire en récupérant les concepts majeurs de la nouvelle linguistique, scientifique et mathématique, en psychanalyse.

La révolution linguistique a été initiée par Saussure. Avant lui, cette jeune discipline reposait sur un paradigme historique. En effet, sous le choc des correspondances incroyables entre des langues aussi éloignées que le vieil irlandais et l'antique sanscrit, une génération de linguistes avait réussi à poser l'hypothèse fantastique de l'indo-européen, langue peut-être imaginaire d'un peuple qui n'a sans doute jamais existé, mais dont les évolutions successives auraient donné naissance à la quasi-totalité des langues connues sur le continent européen. Saussure est un des maîtres de cette manière de faire… ce qui ne l'empêche pas de poser les bases d'une nouvelle perspective, radicalement différente, d'envisager la langue. À savoir comme système de signes, où chacun d'entre eux est analysé comme signifiant d'un signifié, sens qui se détermine par différenciation des autres sens idéalement pris en charge par d'autres signes. Au paradigme historique qu'il requalifie de diachronique, Saussure ajoute ainsi la perspective synchronique, où la langue ne s'étudie plus dans ses changements à long terme mais dans son fonctionnement instantané.

Cette nouvelle manière d'envisager la langue permet, aux successeurs de Saussure, de faire une grande découverte, à savoir l'existence de paires de sons minimales, constitutives de toute langue. Découverte similaire à celle de l'évolution des langues, nul n'ignore aujourd'hui que chaque langue joue avec un nombre restreint de sons s'opposant. Le sens se secrète, ou s'accroche, en tout cas circule en usant des différences fondamentales phonétiques. Quelque chose d'important, jusqu'alors passé inaperçu, désormais immanquable, s'est ainsi produit au début du XXe siècle. La linguistique a montré la voie. Voilà à quoi fait référence, très certainement, Lacan lorsqu'il traite de la nouvelle théorie générale du symbole. Le langage est en train de tomber dans l'escarcelle du scientifique.

Le psychanalyste en prend acte en avançant qu'il est désormais impossible de ne pas repenser la classification des sciences en général, et d'y mettre, il prétend même remettre les sciences de l'homme à leur sommet. Il est sans doute dit « impossible » de ne pas le faire, précisément parce que beaucoup ne le font pas. En effet, tous les épistémologues n'ont pas accordé à la révolution linguistique une telle importance. Qu'à cela ne tienne, Lacan les déjuge : ce qui se joue là est d'une importance telle que c'est tout l'édifice du savoir qui se trouve remis en cause. Car l'homme, dont la science s'était désintéressée face à son impuissance à en circonscrire l'essence, l'homme donc, n'en restait pas moins, depuis toujours, le thème de recherche le plus digne d'intérêt.

 Vocabulaire

Diachronique et synchronique : C'est une chose de savoir de quelle manière le tabac fut découvert, goûté et vanté pour ses multiples bienfaits par les Européens. C'en est une autre, radicalement différente, de connaître la manière dont aujourd'hui ce produit se trouve, sur les marchés mondiaux, vendu. La première perspective est historique, la seconde financière. Les deux illustrent assez bien la distinction qu'opère Saussure entre diachronie, dans l'histoire, et synchronie, dans l'instant.

Portée

La découverte des phonèmes, de cette liste à chaque fois réduite et unique de sons minimaux qui, dans leur opposition et combinaison, distinguent tous les mots d'une langue est tout à fait remarquable. L'homme, par définition, parle… qui aurait cru qu'il était encore possible de faire en la matière de grandes découvertes ? C'est pourtant ce qui s'est passé. La mathématique, pour la première fois, a ainsi fait effraction dans le champ des sciences de l'homme et élevé la linguistique, de discipline de second rang, à celui de matière pilote. Si les autres veulent, elles aussi, mériter le nom de sciences humaines, ne doivent-elles pas s'en inspirer ? Lacan, pour sa part, en est convaincu.

La structure

 Je veux pourtant qu'on sache que quand je viens entendre Claude Lévi-Strauss, c'est toujours pour m'instruire.

Le mythe individuel du névrosé, page 101.

> ### Idée
>
> Lacan ambitionne de refonder scientifiquement son champ en s'inspirant des progrès récents réalisés dans le domaine de la linguistique, éclatants succès qui prouvent que la mathématique n'a pas encore atteint sa pleine extension. Or, la voie qu'ouvre ce programme de recherche, Lacan ne l'invente pas tout seul, il la découvre plutôt au contact de Lévi-Strauss. C'est l'anthropologue en effet qui, le premier, en a eu l'idée.

Contexte

Cette phrase est extraite d'un inédit publié en 2007 pour la première fois par Jacques-Alain Miller, dans une collection qu'il intitule « Paradoxes » aux Éditions du Seuil. Elle nous permet, entre autres, d'apprendre ce que Lacan, en 1956, demande à Lévi-Strauss, suite à une communication de ce dernier à la Société française de philosophie.

Commentaire

Lacan revient souvent à Lévi-Strauss, il l'admire et s'en inspire. Il est même probable que s'il date le début de son enseignement de 1953, c'est en raison de sa réutilisation féconde, à ce moment précis, de l'apport lévi-straussien. Mais qu'a donc fait Lévi-Strauss pour impressionner à ce point Lacan ? Un de ses meilleurs lecteurs, Henaff, commente ainsi brièvement sa carrière : arrivé en amateur en anthropologie, il se comporte très vite en prince. Lévi-Strauss, c'est d'abord en effet un homme qui, peu de temps après son agrégation de philosophie reçoit un coup de téléphone qui allait changer sa vie, et l'histoire de l'ethnologie par la même occasion. On lui propose un poste au loin, un travail en Amérique latine, à une époque où les transatlantiques sont encore de vraies expéditions, comme en témoigne le récit qu'il en fit dans *Tristes Topiques*. Une nouvelle carrière s'ouvre alors à lui : Lévi-Strauss sera anthropologue. Il écrit quelques textes, qui ne peuvent pas ne pas attirer l'attention de Lacan attendu que le jeune chercheur prétend ni plus ni moins qu'expliquer, scientifiquement, l'effet thérapeutique de la cure par la parole. Beaucoup de ce qui est en train de devenir la signature lévi-straussienne s'y trouve déjà : style remarquablement précis, infatigable défense des sociétés et civilisations menacées par l'Occident, critique acerbe des préjugés ethnocentristes.

Mais ce n'est pas tout, il va bientôt y avoir nettement mieux. Lévi-Strauss publie en 1949 sa thèse : *Les structures élémentaires de la parenté*. Et l'ambition de cet ouvrage est immense : ne vise-t-il pas en effet à rendre compte mathématiquement de toutes les possibilités, et impossibilités donc, des systèmes matrimoniaux sur Terre ? Les mariages par cousins croisés sont fréquents, apparemment ceux par cousins parallèles introuvables ? Lévi-Strauss ne se contente pas d'en dresser le constat, il se propose carrément d'en rendre compte. C'est là une ambition énorme, que d'aucuns jugent même folle. Il est vrai que l'ethnologie, jusqu'à lui, hésitait le plus souvent entre monographie précise mais ennuyeuse et généralisation séduisante mais peu sérieuse. Il n'était en somme venu à l'idée de personne, ou presque, qu'en matière d'anthropologie de rigoureuses démonstrations s'avéraient accessibles. Et voilà que Lévi-Strauss signe un ouvrage qui étudie les sociétés primitives… à l'aide d'un mathématicien ! Voilà sa grande thèse, congruente à l'entreprise cybernétique de l'époque. La mathématique de l'homme est en marche, Lévi-Strauss a montré qu'elle était possible dans le champ des sociétés.

En effet, aussi incroyable que cela puisse paraître, un principe unique se retrouve dans tous les systèmes d'alliances matrimoniales connus sur terre. Au-delà de leurs différences empiriques incontestables, tous partagent la même nécessité : la lignée qui a donné une femme en recevra une autre. Le principe de réciprocité semble inviolable, proche parent en ce sens de la loi de la gravité newtonienne. Celui qui a donné une femme en a reçu, en reçoit, en recevra une autre. Ainsi, la prohibition de l'inceste, croix des ethnologues selon Lévi-Strauss en cela qu'elle est tout à la fois universelle et particulière, se trouve par lui réinterprétée comme condition de possibilité de l'échange, autrement dit passage de la nature (universelle) à la culture (particulière), la femme qui m'est interdite se trouvant par là libre de recevoir un autre mari. On pourrait croire qu'un échange de la sorte n'aboutisse à rien… quelle erreur ! Le proverbe Sirunga, que Lévi-Strauss a rendu célèbre, nous détrompe. À laisser partir la femme proche de moi pour en recevoir une autre, qui vient d'ailleurs, qu'ai-je gagné ? Un allié bien sûr. D'où la désormais fameuse sentence : « un beau-frère par alliance vaut bien une cuisse d'éléphants ».

🔍 Vocabulaire

La structure : Il y a une manière simple de définir le structuralisme, c'est celle qui consiste à se rappeler ce qu'est la structure pour ses promoteurs. Ce nom, Lévi-Strauss le reprend à la linguistique pour épingler l'apparition de la mathématique dans ce domaine jusqu'alors étranger à tout déterminisme formel qu'est l'homme. La structure, c'est la mathématique appliquée à l'homme.

Comme toute bonne avancée scientifique digne de ce nom, comparable à sa grande sœur héliocentrique, elle opère un décentrement saisissant. C'était une évidence que tout tournait autour de la terre, c'était une évidence qu'il fallait des familles pour former une société. Les deux sont fausses. La Terre n'est pas au centre et la famille suppose la société, puisque la femme qui est ma mère a été donnée à mon père par un tiers, et avec ce tiers, condition de l'échange, c'est la société tout entière qui prend la première place. Le structuralisme, par définition, en bonne épistémologie classique, oblitère donc l'illusion de s'imaginer au centre. Tout simplement.

Portée

Ainsi, Lévi-Strauss, le premier, prend acte des avancées en linguistique et a l'idée de les injecter dans le domaine de l'anthropologie. Par ce vrai coup de génie, le voilà à même de dévoiler l'invisible déterminisme, mathématiquement formalisable, qui régit les systèmes d'alliance dans les sociétés primitives. Après la linguistique, l'anthropologie se rêve à son tour science dure. Le chemin pour la psychanalyse n'est-il pas tout entier tracé ? C'est bien ce qu'il semble en effet.

2. ... *qui s'affirme néanmoins originale*

Psychanalyse *versus* anthropologie

 le collectif et l'individuel, c'est strictement la même chose

Séminaire II, page 43.

Idée

Lacan s'inspire du geste lévi-straussien : comme lui, il compte bien reprendre à son compte ce que la linguistique découvre afin de refonder scientifiquement sa propre discipline. Le psychanalyste s'inspire donc de son ami anthropologue. Ainsi, le collectif propre à l'ethnologie et l'individuel dont s'occupe la psychanalyse semblent traités de la même manière.

Contexte

Cette affirmation est extraite du *Séminaire II*. Nous sommes donc au tout début de l'enseignement lacanien. Sous le coup de la lecture de Lévi-Strauss, le psychanalyste relie Freud à partir de la triade symbolique, imaginaire, réel. L'affirmation mise en exergue est extraite d'un séminaire où se met en place l'ordre symbolique, et qui semble donc parfaitement congruente avec le travail de son ami anthropologue. Ce dernier s'occupe du collectif, tandis que l'analyste, lui, a affaire à l'individuel. Et les deux seraient étudiés de la même manière. N'est-ce pas cela ce que l'on appelle le structuralisme ?

Commentaire

Quand Lacan avance que le collectif et l'individuel, c'est strictement la même chose, il répond à Lévi-Strauss, et, apparemment, s'inscrit dans la droite ligne du mouvement de pensée que ce dernier a inventé. Ce n'est pourtant pas le cas. Cette citation est précieuse, parce que sous couvert d'une affiliation, elle abrite une revendication d'indépendance. Avec cette remarque, Lacan ne se contente pas en effet de dire tout ce qu'il doit à Lévi-Strauss, il repousse également sa prétention hégémonique, et manifeste donc par là, implicitement mais incontestablement, et l'autonomie de sa discipline et la différence entre psychanalyse et anthropologie.

Reprenons.

En fait, pour bien saisir le sens de cette affirmation, il faut avoir en mémoire ce que pense Lévi-Strauss. Or celui-ci l'a énoncé sans ambages : la psychanalyse repose sur une efficacité symbolique qui existe mais la dépasse. Le succès de la cure est un fait qui lui reste à elle-même mystérieuse, et dont seule l'anthropologie structurale peut rendre compte. Lévi-Strauss aime beaucoup Freud, il n'empêche qu'il envisage sa découverte comme la réinvention, version occidentale, de la cure shamanique, ni plus ni moins. Autrement dit, le sorcier/psychanalyste soigne, mais c'est l'anthropologue, seul, qui en donne la raison. En ce sens, l'anthropologue structuraliste est un cannibale ; Lévi-Strauss s'empare en conquérant de la terre psychanalytique et fiche dans le sol freudien le drapeau de la science, classique et mathématique.

C'est dire, donc, que pour lui l'individuel et le collectif ne sont pas du tout la même chose ! La structure, dans sa perspective, apparaît comme ce qui permet de passer de l'un à l'autre, de l'individuel au collectif, de l'illusion que nous subissons spontanément de nous croire le centre à la réalité à laquelle nous pouvons accéder en faisant de la science, c'est-à-dire en réussissant à faire évanouir en nous toute singularité. Pour Lévi-Strauss, l'erreur est individuelle, la vérité est collective, et tout le structuralisme consiste à passer de l'un à l'autre !

Ceci rappelé, la formule lacanienne mise en exergue prend tout son relief d'être hautement paradoxale, et savamment frappée. C'est bien là le style de Lacan que de rendre hommage et de déclarer la guerre en même temps. Il rend hommage à la découverte lévi-straussienne, puisqu'il considère qu'il a tout intérêt à s'en inspirer. En même temps, il s'arme pour une guerre d'indépendance, attendu qu'il compte bien repousser l'assaillant en ses terres et maintenir l'autonomie conceptuelle de la psychanalyse. Oui, Lévi-Strauss a raison et sa manière de faire s'avère incroyablement féconde. Non, Lévi-Strauss a tort, la psychanalyse n'a pas à se laisser annexer par l'anthropologie et doit se battre pour maintenir intacte sa découverte à nulle autre pareille. Autrement dit, rendre compte seul de son efficacité symbolique.

🔍 Vocabulaire

Le réductionnisme: Ce terme, en épistémologie, désigne de manière négative l'extension d'une thèse à un autre domaine que le sien propre. Il est d'un usage malaisé, parce qu'en effet la science progresse par simplification et extension. Si Newton est aussi célèbre, c'est parce qu'il pose les fondements d'une approche universelle des mouvements, qu'ils soient célestes ou terrestres. On peut comprendre, grâce à lui pourquoi la lune, contrairement à la pomme, ne nous tombe pas dessus. Toute avancée significative entraîne d'ailleurs la réécriture des vieilles cartes où étaient dessinées les antiques frontières. Alors, dans ces conditions, quand et pourquoi parler de réductionnisme? Comme le terme ne s'indique que pour qualifier l'usage indu d'une théorie à un domaine étranger, il faut préciser ce qui, épistémologiquement, permet de justifier ce qualificatif dépréciateur. Il semble qu'on parle de réductionnisme uniquement lorsque l'annexion d'un domaine au sein d'un plus large champ du savoir provoque non pas une simplification mais une diminution des connaissances. Autrement dit, pour défendre la contrée en train d'être annexée, il faut être en mesure d'apporter la preuve qu'elle se trouve elle aussi assujettie à un déterminisme, quoique précisément distinct de celui qu'on tente de lui imposer de force. Le réductionnisme ne se combat donc pas au nom de la liberté du terrain convoité par une science particulière, mais en dégageant un autre moteur théorique que celui que cette dernière préconise à tort.

Portée

Alors, le collectif et l'individuel, est-ce strictement la même chose, oui ou non ? Pour l'anthropologue, il faut passer de l'un à l'autre via la méthode structurale, pour le psychanalyste, il faut appliquer à l'un et l'autre la même méthode structurale. Toute la question est de savoir si Lacan a raison, autrement dit, si à traiter l'homme comme la société plutôt qu'à le fondre dans le social, un résultat irréductiblement original se dégage ou non.

Un nouveau schiboleth

> « ... *notre signifiant S(A) [...]*
> *Sans doute Claude Lévi-Strauss [...] a-t-il voulu y reconnaître l'effet d'un symbole zéro. Mais c'est plutôt du signifiant du manque de ce symbole zéro qu'il nous paraît s'agir en notre cas.* »
>
> Subversion du sujet et dialectique du désir,
> Écrits, page 821.

Idée

La psychanalyse s'inspire sans se fondre dans le structuralisme ; l'émergence du signifiant A en est une des illustrations les plus frappantes. L'essentiel de l'opposition entre Lacan et Lévi-Strauss s'y condense, attendu qu'avec lui, le psychanalyste, contre l'anthropologue, affirme que l'homme n'est pas tout entier dans le symbolique.

Contexte

Subversion du sujet et dialectique du désir est un des textes les importants des *Écrits*. Le programme de recherche qui s'y déploie tout au long s'y trouve en effet admirablement condensé. On y trouve ainsi clairement exposée la raison qui fait que la psychanalyse lacanienne n'est pas, au sens lévi-straussien, d'obédience structuraliste.

Commentaire

Pour saisir en quoi le signifiant S(A) résume à lui seul l'immense différence qui sépare le psychanalyste de l'anthropologue, il faut, à l'évidence, avoir une petite idée de ce que signifiant signifie. L'adjectif possessif qui le précède, par lequel Lacan revendique clairement sa propriété, introduit un terme particulier, véritable porte-bannière de la découverte analytique. La guerre d'indépendance dont nous parlions précédemment se joue ainsi autour de ce point précis. Le grand Autre est-il, ou n'est-il pas, barré ? Lacan affirme pour sa part qu'il est et que c'est là le signe distinctif de sa pensée. Qu'est-ce donc que cet A dont Lacan fait si grand cas ? Pour répondre à cette question, il faut – au moins – avoir deux choses en tête. La première, c'est la complexe séquence que Lacan a parcourue, afin de pouvoir, tout à sa fin, biffer le A qu'il avait patiemment construit. La seconde, c'est la thèse de Lévi-Strauss qu'il discute. Reprenons d'abord l'histoire du A. Elle est vaste, allons à l'essentiel. Dire du A qu'il est barré n'est pas en soi une nouveauté et ne constitue pas, en tant que tel, une déclaration de guerre en bonne et due forme au structuralisme. Tout dépend du A dont il est question. Là, dans *Subversion du sujet et dialectique du désir*, le A barré vise l'Autre paternel, celui qui était sensé, dans un état antérieur de la théorisation, achever la métaphore paternelle et permettre au sujet de tirer son épingle du jeu. À l'Autre maternel barré d'avoir un désir qui excède celui d'avoir un enfant se conjoignait encore l'Autre plein paternel qui apportait la réponse à l'angoissante question de savoir ce que le partenaire veut et que ce que je vaux. Or, c'est cette histoire particulière que Lacan complexifie en biffant l'Autre une nouvelle fois. Dans *Subversion du sujet et dialectique du désir*, il y a S(A̶) en ce sens qu'il n'existe plus de solution transmise par le père à la question existentielle du désir de l'Autre. Auparavant, le père pouvait défaillir ; désormais, il est insuffisant quoi qu'il arrive. Nouvelle relecture de l'Œdipe donc qui culmine dans la conséquence qui la résume : en réalité, le rapport au langage s'avère, de structure, proprement traumatisant. Nous perdons quelque chose de notre être en apprenant à parler. Voilà, fondamentalement, ce que la psychanalyse découvre. S'inscrire dans le langage ne se fait pas sans mal.

Voilà le point essentiel qu'il fallait rappeler pour saisir en quoi l'opposition à Lévi-Strauss se fait majeure. Lui considère en effet, en bon scientifique qu'il est, que le monde se divise à la manière d'une feuille de papier : recto phénoménal d'un côté et verso intelligible de l'autre. L'homme est peut-être étonnant de pouvoir passer de l'un à l'autre, via la connaissance mathématique, mais il n'est pas en tout cas une exception. Ce serait, scientifiquement, une aberration. Il y a donc, pour Lévi-Strauss, d'un côté des objets d'étude à observer et de l'autre des lois déjà écrites, mais encore à découvrir. Et l'on passe sans souci de l'un à l'autre. Ce petit rappel n'a rien en soi de choquant ou de révolutionnaire. La science, depuis le XVIIe siècle, le postule.

L'opposition entre les deux pensées apparaît maintenant plus claire. Les choses ne parlent pas, mais il est possible mathématiquement d'en dévoiler le moteur théorique, c'est-à-dire d'écrire la formule régissant leur comportement. À l'inverse, la psychanalyse considère que les hommes parlent, mais au prix d'une dégradation, d'un appauvrissement, d'un impact en leur être le plus intime, des lois langagières en eux-mêmes. Et donc la science qui étudie toutes choses, rate par principe l'homme, de postuler pour sa part la bijection entre lois d'un côté et phénomènes de l'autre. Si l'homme est l'étant qui a pâti dans son être d'apprendre à parler, alors le langage mathématique que déplie la science s'avère à jamais impuissant à en rendre compte. Voilà en tout cas ce qu'annonce le petit $S(\cancel{A})$, à savoir qu'il faut, pour devenir homme, perdre quelque chose de soi-même pour que le langage se mette à bien fonctionner.

🔎 Vocabulaire

Le métalangage : Pour comprendre ce que dit Lacan lorsqu'il soutient que le métalangage n'existe pas, il faut se rappeler la manière dont il l'interprète. Celui-ci apparaît pour formaliser de manière non ambiguë des règles usées implicitement dans un cadre langagier particulier. Ainsi, la grammaire constitue le métalangage de toute langue naturelle. Dans ces conditions, il semble aberrant de dire qu'il n'y en a pas. Mais le croire revient à oublier d'abord qu'aucune langue naturelle ne dispose d'une unique grammaire, ensuite qu'il serait possible d'avoir, pour toute expression, une analyse équivoque et exhaustive. Or ce n'est pas le cas, il n'y a donc pas de métalangage : nul ne s'extrait de la langue qu'il parle.

Portée

Discutant avec Lévi-Strauss, Lacan s'interroge sur la capacité du langage à tout dire. Contre le structuraliste, il envisage que l'inscription dans le monde symbolique nous a fait perdre quelque chose. Voilà ce qu'indique son S(A̶), vrai schiboleth de la psychanalyse lacanienne.

Adéquation et identité

> « *La parole apparaît donc d'autant plus vraiment une parole que sa vérité est moins fondée dans ce qu'on appelle l'adéquation à la chose : la vraie parole s'oppose ainsi paradoxalement au discours vrai, leur vérité se distinguant par ceci que la première constitue la reconnaissance par les sujets de leurs êtres en ce qu'ils y sont intéressés, tandis que la seconde est constituée par la connaissance du réel, en tant qu'il est visé par le sujet dans les objets.* »

Variantes de la cure type,
Écrits, page 351.

Idée

Les rapports entre Lacan et Lévi-Strauss ne sont pas simples : il faut dire que Lacan s'inspire et se méfie à la fois de la science. Cette tension peut se résoudre, ne serait-ce que temporairement, en distinguant deux types de vérités, une scientifique et traditionnelle, une autre singulière et propre à la psychanalyse.

Contexte

Variantes de la cure type est un texte que Lacan écrit si l'on peut dire sur commande. Il s'agissait d'avoir en somme un résumé de la manière dont une cure, dans ses grandes lignes, devait se dérouler. Lacan ne cache pas pourtant qu'à son avis il n'y a de cure type que pour les analyses fades. Ceux qui veulent réellement s'engager à la suite de Freud ne devraient pas hésiter à prendre des risques. C'est bien ce qu'il fait, d'ailleurs, en ressuscitant dans son texte, un clivage entre deux types de vérités que l'on croyait depuis longtemps enterré.

Commentaire

En une ère préscientifique, où la philosophie n'était que servante d'une foi dominante, il n'était pas impossible d'imaginer le régime d'une double vérité. Vérité du dogme tout d'abord, vérité des savoirs et techniques ensuite. Mais depuis le XVIIe siècle, cette habile cohabitation semble n'avoir plus cours. Comme en atteste le succès foudroyant des thèses de Darwin, à comparer aux soucis rencontrés par Galilée, la religion, si l'on peut dire, n'a plus aujourd'hui voix au chapitre en matière de vérité. La science s'est accaparée ce domaine jadis réservé aux mystères de Dieu. Mais par quel miracle y est-elle parvenue ? Tout simplement, comme Descartes l'a lumineusement exposé, en cela que les théories qu'elle promeut, offrent à l'homme un pouvoir d'action inégalé ! Ce qui a permis à la science de remporter la partie, c'est tout simplement le fait qu'elle permet de modifier le réel, dans des proportions jusqu'alors réservées aux rêves les plus fous des magiciens. La science s'est imposée, parce qu'elle permet de changer le monde. Et elle le change parce qu'elle le connaît. C'est là l'évidence que Lacan rappelle en parlant d'adéquation à la chose. Il y a adéquation, c'est-à-dire que le discours épouse ce dont il parle. Le succès technique est l'effet et la preuve du bien-fondé de la théorie. Voilà comment fonctionne la science.

Le problème est que cela n'apparaît pas compatible avec la pratique analytique. Bien sûr, Lacan reprend à sa charge la nécessité, de saine épistémologie, de laisser à la pratique le soin de valider, ou non, la théorie. La psychanalyse se doit, elle aussi, de changer le monde… sinon elle retournerait en cette période préscientifique où la cohérence intellectuelle et la compatibilité avec le dogme suffisaient. Mais l'analyste a-t-il à s'y prendre comme le scientifique ? Certainement pas. Il doit même se désengager d'une certaine manière de procéder, neutre et détachée, qui ne fait qu'objectiver le sujet. Parce qu'objectiver le sujet, c'est là précisément ce qui lui est arrivé, conséquence malheureuse de son inscription dans l'ordre langagier ! Objectiver le sujet, autrement dit appliquer la méthode scientifique générale, revient à rater ce qui fait sa spécificité, de ne pas être encore tout à fait achevé, de ne pas être définitivement assujetti à une loi qui l'assassine. En psychanalyse, il s'agit donc, au contraire de la procédure classique, de s'ouvrir à l'intersubjectivité, de reconnaître que tout du patient n'est pas contenu dans son dit pas plus que dans le savoir accumulé par les psychanalystes... que du nouveau et de l'inattendu peuvent donc encore surgir. Ainsi, en science, il y a vérité lorsqu'il y a adéquation de l'idée du chercheur et de la loi régissant le phénomène de toute éternité, tandis qu'en psychanalyse, il y a vérité lorsqu'un sujet s'extrait de l'impasse au sein de laquelle il restait prisonnier, libération rendue possible par la supposition mise en acte par l'analyste, que celui qui parle n'est pas tout entier dans ce qu'il ignore répéter.

> ## 🔎 Vocabulaire
>
> **Adéquation et identité** : Allons au plus simple sur des points passionnants mais complexes. N'y a-t-il pas deux manières distinctes mais complémentaires de dire le vrai ? La première suppose un être soumis à une loi invisible et définitive. Le vrai en la matière est d'adéquation. La seconde repose sur l'idée plus étrange d'un être inachevé, soumis à un déterminisme qui pourrait encore bouger et réclame alors, pour s'en extraire, l'audace d'un acte qui fasse apparaître ce qui, justement, d'être dit, n'existait pas auparavant. Autrement dit, le vrai selon l'adéquation est un bien dit de dire ce qui est de toute éternité, tandis que le vrai selon l'identité est un bien dit de faire surgir ce qui n'était pas encore.

Portée

Ainsi, l'esprit scientifique, dans la perspective lacanienne, se doit d'inverser, pour ce cas particulier qu'est l'homme, sa procédure habituelle. Tandis qu'il triomphe d'habitude en cessant de subjectiver les êtres, délaissant la cause finale, il ne réussira bien, en ce qui concerne l'être humain, qu'à la condition d'éviter l'erreur inverse, c'est-à-dire en délaissant la mortifère objectivation, qui abandonne hélas le sujet à son propre discours. La psychanalyse, en effet, en servirait à rien, si au-delà du déterminisme qui l'afflige, un reste de liberté n'était pas supposé encore exister.

La science de l'homme par excellence

> *Car qu'est-ce d'autre que nous cherchons dans l'analyse, sinon une vérité libératrice ?*
> *[…]. Si la vérité que nous cherchons est une vérité libératrice, c'est une vérité que nous allons chercher à un point de recel de notre sujet. C'est une vérité particulière.*

Séminaire VII, page 32.

Idée

Entre psychanalyse et science, les rapports sont donc complexes : d'un côté Lacan découvre, ravi, l'élan structuraliste tandis que de l'autre, il en détourne incontestablement l'esprit. C'est qu'il considère que la psychanalyse, avec l'homme, a affaire à une vérité d'un genre spécial, une vérité refoulée.

Contexte

Cette citation est prélevée dans le précieux *Séminaire VII*. Celui-ci est travaillé par une réflexion renouvelée sur la science moderne ainsi que sur une réflexion parallèle sur la tragédie grecque. Apparemment il n'y a que Lacan pour entremêler ainsi deux fils si éloignés… Mais diffèrent-ils tant que cela ?

Commentaire

Le rapport de Lacan à la science est passionnant, mais complexe : le plus simple pour le saisir consiste peut-être à repartir de Freud. La subversion que le premier opère en effet à l'encontre du structuralisme n'étonne que ceux qui n'ont pas bien saisi la vraie nature du geste freudien antérieur. Qu'a fait celui-ci ? Il a pris au sérieux la science de son temps... et il a cherché méticuleusement à l'appliquer à l'être humain. Et c'est là que son être d'exception lui est apparu ! En effet, à procéder ainsi, Freud s'arrête sur le mystère de désirs indestructibles. Si cela le stupéfie, ce n'est que parce que cela contredit noir sur blanc le second principe de la thermodynamique, qui pose que toute source d'énergie finit par se refroidir. Logiquement cela s'applique à toutes choses... L'homme fait pourtant exception de s'extraire de cette nécessité ! C'est donc bien Freud, le premier, qui use de la science pour faire jaillir du monde indifférencié de ce qui se soumet à un déterminisme mathématique la spécificité humaine. Ce point acquis, la manière lacanienne d'opérer avec le structuralisme perd beaucoup non de son génie mais de son originalité. Lacan à ce propos d'ailleurs n'en revendique aucun : il marche dans les pas de Freud, et lui aussi s'appuie sur les dernières avancées de la science pour explorer le mystère humain. Ce que la thermodynamique avait permis de constater avec surprise, une nouvelle manière scientifique de lire avec succès le monde en renouvelle l'opportunité, Lacan la saisit. Ce faisant, il renouvelle l'interrogation freudienne : qu'est-ce donc que l'homme ? L'homme, cet être qui, comme toute chose, se trouve soumis à un déterminisme caché, mais qui se singularise de manière exceptionnelle en cela que s'il réussit, lui, à écrire la loi de son être... alors il la change. À écrire l'équation qui rend compte du mouvement des planètes, on n'en change pas la course. À réaliser l'asservissement implicite auquel le sujet se trouvait abandonné, il peut par là se libérer... comment, diable, cela est-il seulement possible ? Voilà la grande question. Ou plus précisément, voilà une des deux questions majeures. Car Lacan, qui prend à bras-le-corps ce problème principiel, lui adjoint de manière géniale l'autre grande difficulté propre à la psychanalyse, aussi importante et aussi mystérieuse : comment se fait-il que la parole ait un impact sur le corps ? Ne sont-ce pas les deux problèmes fondamentaux de la psychanalyse ? Cette discipline qui se rapproche et se sépare de la science, repose sur deux impossibles : le premier, une loi qui se modifie de s'écrire, le second, une intrication de la parole et de la chair.

Ce double nœud gordien, Lacan les défait en les tissant l'un à l'autre ! Comme la citation mise en exergue l'indique, il pose que l'homme se trouve assujetti à une vérité qui se cache en lui, mais qui au grand jour, cesse de peser secrètement sur lui. Autrement dit, l'homme est tourmenté par un étrange oracle : une parole maudite l'attendait dès sa naissance, dont heureusement il est possible de se défaire en en prenant conscience. La vérité libératrice dont parle notre citation, celle qui se cache au cœur du sujet, ce n'est donc pas du tout la loi qui tapie dans l'ombre des choses attend patiemment l'ingéniosité du scientifique qui saura l'écrire sans la changer, c'est tout au contraire, et très mystérieusement, sa propre parole d'avant sa naissance que le sujet se doit d'entendre, précisément pour redevenir celui qui parle et non plus celui dont le destin est d'ores et déjà tracé. Les deux problèmes majeurs propres à la psychanalyse et que la science ignore, à savoir interaction du corps et de la parole, loi qui change de bien s'écrire, se condensent ainsi dans un unique mystère, qui retrouve celui de la tragédie grecque, d'être responsable du destin qui nous accable.

Vocabulaire

L'entropie : Lacan, dans le *Séminaire II*, accorde une grande importance à l'entropie. C'est qu'il considère en effet que la science, au XXe siècle, se renouvelle. D'abord, elle est apparue au XVIIe siècle, avec la force et l'horloge. La force est éternelle, et tout se fait horloge. Une révolution s'opère au XIXe siècle, et la physique se fait thermodynamique, redécouvre la flèche du temps ; l'énergie s'ajoute et surclasse la force tandis que tout, désormais, se saisit à partir de la machine à vapeur. Mort thermique de l'univers et prolétaire qu'il faut bien nourrir, tout se saisit désormais à l'aune de l'énergie, ou de son contraire, l'entropie. Freud a su en tirer parti. Mais les choses changent à nouveau au XXe siècle et le message, au lendemain de la Seconde Guerre mondiale, se rêve en nouveau concept majeur. Tout n'est-il pas message et ne sommes-nous pas, plus que des horloges et des machines à vapeur, de vrais ordinateurs ? C'est sur la base de cette révolution en marche que Lacan subvertit le structuralisme et réinvente la psychanalyse.

Portée

Ainsi, les rapports houleux de Lacan à Lévi-Strauss ne font que répercuter les relations particulières entre psychanalyse et science : toujours la première s'appuie sur la deuxième pour s'y opposer de rappeler que l'homme fait exception ! En lui se joue un déterminisme d'un genre particulier, qui rappelle celui de la tragédie grecque, vraie science humaine par excellence. Mais alors, alliée et rivale de la science, amie de la tragédie, la psychanalyse lacanienne n'est-elle pas… d'essence philosophique ?

3. La philosophie est dénoncée…

Aristote

> « *Aristote – il est pourtant difficile d'imaginer dans toute l'histoire de la pensée humaine un esprit d'une telle puissance…* »
>
> Séminaire VII, page 146.

Idée

Lacan, le plus souvent, ne mâche pas ses mots à l'égard des philosophes. Et quand il les complimente, n'est-ce pas toujours pour mieux les critiquer ensuite ? C'est en tout cas ce qu'illustre la citation présente, où l'éloge d'Aristote précède une critique féroce qu'annonce le « pourtant ».

Contexte

Quand Jacques-Alain Miller publie le *Séminaire VII*, il fait part, dans son cours, de son plaisir à le voir sortir et de sa tristesse : Lacan, lui, n'est plus là pour le voir. C'est que de tous ses séminaires, celui-ci avait une place à part. Il y en a certes beaucoup, des séminaires, qui en fonction des perspectives, ont une place à part. Mais *l'Éthique de la psychanalyse* fait partie des plus importants. Un livre ne serait sans doute pas de trop pour l'expliquer, reportons et réduisons à un mot : recommencement. Avec le *Séminaire VII*, Lacan redémarre sa réflexion.

Commentaire

Si le *Séminaire VII* fait coupure, en cela que le lecteur les lisant à la suite ne pourra manquer d'être surpris à la découverte du septième, il n'en reste pas moins que Lacan ne change pas tout, totalement. Il y a beaucoup de ruptures, il y a aussi des éléments qui perdurent. Parmi ceux-ci, la manière si particulière qu'a Lacan d'user des philosophes. Il les commente constamment et il les critique toujours. Les plus renommés n'échappent pas à ses remarques désobligeantes : l'histoire de la philosophie, pour lui, semble à première analyse se réduire à une bande d'imbéciles au mieux, de filous au pire. L'extrait donné en exergue en est un parfait exemple. Qui ne connaît pas Aristote ? Qui ne sait l'immense impact qu'il a eu sur la pensée occidentale ? Lacan, souvent, le traite avec une désinvolture qui laisse songeur. Légèreté qui peut être franchement comique, comme c'est le cas dans *La science et la vérité*, où les quatre causes sont détournées avec malice, ou bien légèreté qui peut sembler confiner au mépris, comme c'est le cas en ouverture du *Séminaire VI*, où l'approche aristotélicienne du désir est caricaturée. Il est clair que les lecteurs du philosophe grec ont avec les résumés et commentaires que propose Lacan de quoi s'étonner pour ne pas dire s'énerver. La constante, toutefois, de la référence à Aristote, tempère et en fait interdit ce jugement trop hâtif. Il y a mieux à faire, il y a mieux à dire. Les rapports entre Lacan et Aristote, les rapports entre Lacan et la philosophie, méritent mieux qu'un constat de mépris et d'incompréhension. Essayons donc de procéder autrement, faisons l'hypothèse qu'il y a quelque chose de précieux à apprendre de la manière dont Lacan maltraite les philosophes.

Dans la citation choisie, Lacan rend hommage à la puissance intellectuelle d'Aristote. Il s'agit d'un fait, mais dans sa bouche la chose est rare, Lacan n'est pas porté aux compliments. Il en concède un là, pourtant. Aristote, quel esprit ! Voilà ce qu'il nous rappelle. Le contexte, toutefois, démontre ce que ce bout de phrase, à lui seul, laissait sous-entendre, à savoir que le compliment révérencieux cache une critique sans appel. Cet éloge est un vrai baiser de la mort : quand Lacan souligne l'intelligence d'un homme qui brassa tous les domaines de son temps et les enrichit durablement, il ne fait que pour mieux indiquer l'impuissance dans laquelle s'est engluée la pensée aristotélicienne de rester absolument incapable d'envisager l'hypothèse du commencement. Ce qui est évident pour nous n'existait pas pour lui, ne pouvait pas être conceptuellement abordé. À la manière des entiers relatifs négatifs, qui nous apparaissent aujourd'hui si simples, mais qui pourtant ne s'imposent qu'au XVIIIe siècle et non sans réticence, l'idée d'un commencement intégral ne fait pas sens pour Aristote. Lui, et presque toute l'Antiquité avec, vit dans un monde sempiternel, c'est-à-dire non pas hors du temps mais ayant de tout temps existé. Aujourd'hui, nous nous demandons qui de l'œuf ou de la poule fut le premier, car il y a bien dû avoir un commencement, mais l'évidence avec laquelle cette question se pose à nous s'inverse dans le monde d'Aristote. À l'évidence, pour lui et les Anciens, il y a toujours eu des poules et des œufs, et celui qui pose la question du commencement ne sait pas ce qu'il demande.

Ainsi, Aristote a beau être intelligent, l'idée d'une création lui reste profondément étrangère. Création qu'apporte au monde le monothéisme et que renouvelle, au XVIIe siècle, la révolution scientifique. Dans un même mouvement, Lacan lui rend hommage, et rappelle donc, tout simplement, que sa pensée, si puissante jadis, s'avère aujourd'hui parfaitement obsolète pour affronter les problèmes propres à notre modernité.

🔎 Vocabulaire

Intelligence: La manière la plus simple de définir l'intelligence est de rappeler cette évidence : il n'y a rien de plus bête que les tests qui croient la mesurer, attendu que l'intelligence n'est pas tant la capacité donnée d'accomplir des tâches préfigurées que d'ouvrir des perspectives inattendues. Cette définition n'est toutefois pas la seule. Il y en a au moins une autre, c'est celle qui consiste à s'inspirer de son étymologie et à poser que l'homme intelligent tisse des liens. Quand Lacan rappelle la puissance de l'esprit d'Aristote, il ne dit pas admirer par là l'homme qui s'est intéressé à peu près tout ce qui existait à son époque, mais il reconnaît la puissance intellectuelle de celui qui féconda tous les champs du savoir de son temps à partir d'une unique ligne conceptuelle, à savoir la finalité. Éclairer le monde, presque tout du monde, à partir d'une seule, permanente, inlassable, interrogation, n'est-ce pas cela la marque des grandes intelligences ?

Portée

Nous venons de voir que le compliment que Lacan adresse à Aristote est à double tranchant : derrière l'éloge se cache la critique. Mais… est-ce bien là, à proprement parler, une critique ? Ne s'agit-il pas plutôt d'un simple, dur mais objectif constat ? Que nous ne vivions plus dans le monde d'Aristote, que sa pensée soit pour nous devenue étrangère et pour tout dire dépassée, n'est-ce pas une évidence ? Si critique lacanienne de la philosophie il y a, ce n'est donc sans doute pas là qu'elle se situe.

Descartes

> *Quand l'homme cherchant le vide de la pensée s'avance dans la lueur sans ombre de l'espace imaginaire en s'abstenant même d'attendre ce qui va en surgir, un miroir sans éclat lui montre une surface où ne se reflète rien.*

Propos sur la causalité psychique,
Écrits, page 188.

Idée

Lacan commente très souvent Descartes ; il s'agit pour lui d'une référence majeure. Tellement même que bien des propos lacaniens prennent tout leur relief d'être envisagés comme l'expression implicite d'une discussion engagée de longue date avec le plus illustre des philosophes français. D'une certaine manière, Lacan parle toujours avec Descartes. S'il y revient constamment, c'est d'abord parce qu'il y a, entre le cogito et l'inconscient, une opposition frontale.

Contexte

Les *Propos sur la causalité psychique* sont célèbres d'abriter des pages superbes, où Lacan rend hommage de manière époustouflante à la folie. Outre cela, ils constituent une assez bonne introduction à sa pensée, résumant bien un premier moment de sa réflexion ; un moment simple, efficace, déjà génial.

Commentaire

Nous venons de voir, avec Aristote, de quelle manière Lacan, considère sa philosophie comme obsolète, en raison des évidences distinctes qui structurent son univers et notre monde. Mais faire un pareil constat ne revient pas encore à partir en guerre contre la tradition philosophique. Ce qui est pourtant ce qu'il fait : Lacan parle beaucoup de la philosophie, parce qu'il considère qu'elle s'est beaucoup trompée. Ce n'est donc pas qu'une question de temps, de paradigme, ou d'inévitable progrès de la connaissance. Les philosophes d'hier ne sont pas simplement dépassés aujourd'hui d'être issus d'une époque antérieure. Ils le sont également pour cette autre raison, pour cette supérieure raison, qu'ils ratent malheureusement l'essentiel. La philosophie d'hier n'est pas plus que la philosophie d'aujourd'hui à même de répondre aux problèmes que pose la modernité, parce que la philosophie de toujours ignore le plus important. À savoir l'inconscient tel que Freud le découvre. Voilà le cœur de la critique lacanienne à l'égard de la tradition philosophique. Au-delà des faits, Lacan entreprend de dégager une manière particulière d'interroger le monde et de proposer des réponses. Le psychanalyste redéfinit donc la philosophie comme l'entreprise ayant échoué à satisfaire à sa propre exigence de rendre compte de ce qu'est l'homme.

Cette critique radicale, que d'aucuns jugeraient philosophique, s'incarne remarquablement bien dans la figure de Descartes, qui a plus d'un titre fait partie de ces très rares penseurs à pouvoir à lui seul incarner cette auguste discipline. Qui est Descartes ? Le plus grand philosophe français, celui qui fait redémarrer la philosophie en Occident et se propose tout à la fois de la réveiller de son endormissement théologique et de la conduire à son achèvement programmatique. Descartes dessine l'arbre de la connaissance, ses descendants connaîtront les beaux fruits de la science, à lui restera le mérite d'avoir enraciné la physique mathématique dans le terreau fécond qu'ouvre sa métaphysique ! Nous, nous considérons qu'avec Descartes recommence la philosophie, lui estime qu'il l'invente pour de vrai et l'installe définitivement à sa juste place dans le champ des connaissances. L'inversion victorieuse du doute en la certitude d'exister est à cet égard paradigmatique du geste cartésien. Le « je suis, j'existe » de Descartes reste quelque chose d'exceptionnel et le point le plus marquant du raisonnement dont il est extrait. En six médiations, Descartes a refait le monde, le septième jour il se repose.

Lacan n'est pas le premier à être impressionné par la puissance et par la beauté du monument qu'est le cartésianisme. Il y revient sans cesse, et presque d'autant plus quand il ne le cite pas. Lacan discute toujours avec Descartes, avec ce penseur exceptionnel qui réinvente l'homme et pense l'avènement de la science moderne. C'est que le psychanalyste partage précisément ses ambitions, de poser un nouveau départ, de dire ce qu'est l'homme, de réfléchir au fait qu'un maillage mathématique s'est répandu sur le monde. Lacan reprend donc à son compte les ambitions cartésiennes, et s'oppose par là radicalement à celui-ci, attendu que lui considérait avoir définitivement installé la pensée en de solides fondations. Choc frontal qui se retrouve, entre mille exemples, dans la citation mise en exergue. Le cheminement cartésien est simple : à douter de tout, le sujet se trouve lui-même. Lacan considère pour sa part, en 1946, que l'essentiel s'explique par l'intermédiaire du stade du miroir, c'est-à-dire par l'identification spéculaire où l'un se prend pour l'autre. C'est dire donc que là où Descartes voit la substance indubitable du cogito apparaître dans la nuit du doute, Lacan considère pour sa part, tout au contraire, qu'à procéder de la sorte rien n'apparaît du tout. Pour le premier, l'unité est première et peut-être ressaisie, pour le second elle n'est qu'un leurre qui cache une douloureuse béance. À la lumière invisible du cogito, transparent quoique le plus souvent impensé, Lacan substitue ainsi la sombre douleur d'exister sans être un.

Vocabulaire

L'histoire de la pensée : Dans le fond, il n'y a que deux manières de lire l'histoire de la pensée. La première pose un progrès dans la connaissance, et considère donc que les anciens deviennent naturellement obsolètes. La seconde considère, sous une forme qui réactualise le *samsara* indien, que tout redémarre toujours. Dans cette autre perspective, les anciens sont tout autant utilisables que les modernes, parce qu'en réalité, ce qui est compte, ce n'est pas l'époque à l'intérieur de laquelle se situe le sujet, mais l'intelligence, l'audace, l'honnêteté de celui qui se voue à la vocation de penseur. L'intéressant consiste à remarquer que ces deux perspectives ne sont pas simplement contradictoires… mais également incontestablement vraies !

Portée

Ainsi, Lacan ne reproche pas tant à la philosophie son caractère dépassé que sa défaillance de toujours. Ce qu'est l'homme, voilà ce qu'elle prétend dévoiler et sauvegarder. Voilà pourtant, comme en atteste sa lecture de Descartes, ce qu'elle rate systématiquement. Car qu'y a-t-il de plus propre à l'homme que son inconscient ?

Kant

> « *Nous prétendons que l'esthétique transcendantale est à refaire pour le temps où la linguistique a introduit dans la science son statut incontestable : avec la structure définie par l'articulation signifiante comme telle.* »
>
> Remarque sur le rapport de Daniel Lagache : « psychanalyse et structure de la personnalité », *Écrits*, page 649.

Idée

Dire que les philosophes se sont trompés revient à affirmer que la psychanalyse a trouvé quelque chose. Lacan l'indique en manifestant son ambition de refaire l'esthétique transcendantale, c'est-à-dire de revoir la manière dont l'homme structure sans le savoir le monde qu'il habite.

Contexte

Remarque sur le rapport de Daniel Lagache : « psychanalyse et structure de la personnalité » est un texte dont la rédaction s'achève en 1960. Comme d'habitude, ce passage des *Écrits* est extrêmement dense ; la citation mise en exergue pointe vers le stade du miroir, tel que Lacan le revisite à nouveau dans ce travail.

Commentaire

Lacan, dans ce passage très dense des *Écrits*, commence par expliquer au nom de quoi il considère avoir fait un progrès significatif et dévoile en conséquence l'ambition qui l'anime. La condition de l'avancée, il la localise dans la structure, qu'il distingue de la forme. Le programme de recherche, il l'épingle ici dans la nécessité d'avoir à refaire, mais pour de bon, l'esthétique transcendantale. Cette dernière est une pièce maîtresse de l'œuvre majeure de Kant, la *Critique de la raison pure*, vrai chef-d'œuvre philosophique qui révolutionne le rapport que l'homme entretient avec la vérité. Avant Kant, la vérité est accessible, à condition de marcher dans les pas de Dieu, c'est-à-dire de penser à partir des idées mathématiques qu'il nous a laissées en notre esprit. C'est là du moins la thèse cartésienne. Le philosophe allemand réussit le tour de force de maintenir le fait énigmatique des succès de la science (nous pouvons saisir les lois du monde) tout en se passant de ce qui peut apparaître rétrospectivement comme justification dogmatique. Kant ne dit pas que Dieu a fait le monde à partir d'un langage épuré qu'il nous a légué, mais que chaque sujet reconstruit l'univers à partir d'une triple synthèse intellectuelle, où se combinent le contenu de l'intuition empirique et le travail organisateur des catégories, concepts a priori. La déduction transcendantale des catégories, vrai bijou théorique, fait du monde tel que nous l'observons le fruit d'une construction intellectuelle. Si le monde tel que nous l'expérimentons est susceptible d'une épuration mathématique, ce n'est que parce que, ce faisant, nous retrouvons par la science ce que nous y avions mis spontanément. Kant opère donc un pas de géant : avec lui la vérité devient intersubjectivité.

Prétendre refaire l'esthétique transcendantale marque donc une grande ambition. On pourrait dire que c'est celle qui habita tous les grands philosophes après Kant. Son raisonnement étant remarquable, en général ceux qui s'y attaquent commencent par expliquer la cause, à leurs yeux, de la défaillance kantienne. Lacan ne fait pas exception à la règle. Lui s'appuie sur la structure, telle qu'elle se trouve apportée au monde de la science par la linguistique, pour poser l'exigence du renouvellement de l'entreprise de fondation du monde proprement humain. Le lien n'est pas évident, d'abord parce qu'il s'agit d'un concept extrait d'un autre champ, ensuite parce qu'à l'importer de la linguistique à la connaissance, il ne semble aucunement poser de problème à l'ambition kantienne. Après tout, la structure linguistique trans-individuelle semble parfaitement s'intégrer au projet d'expliquer la manière dont tout homme participe sans le savoir à la construction du monde. La structure linguistique pourrait fort bien reprendre à sa charge le projet kantien. L'articulation signifiante chère à Lacan n'est-elle pas qu'une variation sur le thème de la catégorie kantienne ?

Évidemment, si tel était le cas, Lacan ne ferait qu'actualiser Kant, et non réécrire l'esthétique transcendantale. S'il compte le faire, c'est parce qu'il ne se contente pas de reprendre la structure langagière à la linguistique, mais qu'il l'utilise dans un sens contraire à ce que le kantisme préconise. Pour ce dernier, le schématisme permet la combinaison harmonieuse de la matière et de la forme. Ce qui, en termes kantiens, signifie que rien de ce qui est expérimentable s'avère impensable. Tout ce que l'homme observe, il peut le connaître… parce que les conditions de perception sont les mêmes que les conditions d'intelligibilité. Et c'est précisément cela que Lacan entend remettre en cause. S'il entend refaire l'esthétique transcendantale, ce n'est pas pour actualiser les catégories a priori à partir des concepts linguistiques de son temps, mais pour dénoncer l'idée d'un accord entre le concept et l'intuition, entre le signifiant et le signifié. Dans le monde de Kant, rien de ce qui apparaît au sujet n'est incompréhensible, dans celui de Lacan, rien de ce qui peut être dit n'est complètement juste. Voilà la différence entre les deux : pour l'un l'esprit construit un monde sans bavure tandis que l'autre installe l'homme au cœur d'un univers nécessairement imparfait. L'esthétique transcendantale est à refaire en cela que l'échec, dans la perspective lacanienne, s'avère inévitable.

🔎 Vocabulaire

La déduction transcendantale des catégories : Kant révolutionne la théorie de la connaissance : après avoir montré que tout ce qui nous venait des sens s'inscrivait dans l'espace et le temps, dimensions purement humaines de toute expérience, il s'attaque à la difficile question de savoir pourquoi les concepts humains s'appliqueraient adéquatement aux choses. C'est là qu'opère la fameuse déduction transcendantale des catégories. Sa conclusion est magistrale : si les concepts de notre esprit possèdent une valeur objective… c'est parce qu'ils sont eux-mêmes conditions de l'expérience. Les objets que nous voyons sont déjà modelés par les concepts humains. Rien de ce qui nous apparaît n'est donc incompréhensible.

Portée

Les philosophes doivent donc revoir leur copie : le chef-d'œuvre kantien ne suffit pas à l'exigeant Lacan. C'est que la défaillance n'est pas éliminable du monde des hommes, et pour cause, c'est le cas de le dire : elle en est constitutive. Mais… Lacan est-il bien le premier à soutenir pareil apparent pessimisme ?

Kierkegaard

> *Ainsi Freud se trouve-t-il apporter la solution au problème qui, pour le plus aigu des questionneurs de l'âme avant lui – Kierkegaard – s'était déjà centré sur la répétition.*

Séminaire XI, page 59.

Idée

Lacan considère que la philosophie se trompe de concevoir un monde sans heurts gravitant autour d'un sujet transparent à lui-même… mais est-ce bien là ce qu'affirme la philosophie justement ? Non. Lacan le reconnaît lui-même et admet, à titre exceptionnel, que certains, à commencer par Kierkegaard, se sont approchés de la découverte freudienne. Lui au moins s'est posé la vraie question, à défaut d'avoir pu trouver la bonne solution.

Contexte

Le *Séminaire XI*, lui aussi, est un séminaire important. Il est à part dans la série imposante qu'ils constituent ne serait-ce que par son ambition de poser les concepts fondamentaux de la psychanalyse. Ambition qui se concrétise dans le fait d'expliciter clairement ce qu'il avait jusqu'alors lentement déplié. Avec le *Séminaire XI*, Lacan expose sa théorie de la pulsion et écrit noir sur blanc sa théorie de l'aliénation et de la séparation. L'objet petit a devient alors incontestablement centre organisateur de la grande galaxie théorique lacanienne, en vrai trou noir qu'il est.

Commentaire

Lacan reproche à Kant, et avec lui à l'entreprise peut-être la plus aboutie de reconstruire le monde d'une manière philosophique, d'avoir raté ce que la psychanalyse, elle, a découvert… à savoir l'existence d'énigmatiques mais incontestables pulsions de mort. Il y a quelque chose de pourri dans le monde de l'homme, n'en déplaise aux philosophes. Cette critique soulève d'évidentes objections. Lacan ne caricature-t-il pas Kant? Lacan n'a-t-il pas une lecture biaisée de la tradition métaphysique et n'est-il pas facile de lui opposer que beaucoup, si ce n'est tous, insistent sur le fait que l'homme se trouve, n'étant pas une chose ni un animal, confronté à d'irréductibles difficultés existentielles? Taxer les philosophes d'optimisme théorique, n'est-ce pas faire une critique si invraisemblable qu'elle en devient franchement ridicule?

N'est-il pas possible de prendre, pour critiquer Lacan, un exemple et de rappeler aux psychanalystes qui se croient seuls juges réalistes de la triste dimension humaine, que tous les grands penseurs ont insisté sur le drame d'être homme? À se poser la question ainsi, tous les grands noms de la tradition répondent présents. Lacan, lui, en distingue spécialement un. Il cite, avec respect, le nom de Kierkegaard. Voilà quelqu'un, en effet, qui se serait rapproché au plus près de la découverte propre à la psychanalyse. On croit comprendre pourquoi. Qui est Kierkegaard en effet? Celui-ci participe grandement à l'invention de l'existentialisme, ce courant philosophique qui réaffirme en somme, contre le système hégélien, le droit à la douloureuse singularité.

Il y a plusieurs manières de l'aborder. L'un des chemins consiste à se rappeler ce que dit Kierkegaard du rapport à la vérité. Le Danois considère en effet sans sourciller que toute la tradition, de Socrate à Hegel, partage une même conception optimiste de la vérité. À savoir que nous la cherchons! Ce n'est pas du tout ce qui apparaît à ses yeux. Lui considère, au contraire, que l'homme a perdu la vérité parce qu'il s'est éloigné de Dieu. La vérité, la vraie et l'unique vérité, c'est que nous nous sommes tous effondrés sous le poids de notre propre liberté, dans un vertige d'angoisse et que depuis, nous errons. Nous ne sommes plus depuis que l'ombre de nous-mêmes, tout à la fois bourreaux et victimes de cette fuite inaugurale, acte mystérieux mais incontestable. Alors les philosophes peuvent bien vouloir nous aider, ils restent impuissants : nous ne voulons pas, pas plus que nous ne pouvons, retrouver la vérité qui désormais nous fuit. Cette approche pessimiste de l'être de l'homme donne naissance à l'existentialisme en cela qu'elle s'oppose frontalement à la dialectique de la reconnaissance hégélienne, vraie machine de guerre à broyer la particularité dans l'universel. Hegel peut en effet bâtir une théorie aussi convaincante qui soit, il ne pourra, en dépit de ses efforts immenses, attraper la vérité de l'homme : accumuler les connaissances, encore et encore, ne permettra pas de se ressouvenir que la vérité, elle, nous l'avons abandonnée.

Ainsi rappelée, la thèse de Kierkegaard semble similaire à celle de Freud, alors qu'est-ce qui permet à Lacan, une fois le penseur danois rapproché de l'inventeur de la psychanalyse, de maintenir entre les deux une nette différence ? Autrement dit, qu'est-ce qui fait que, malgré Kierkegaard, la philosophie rate ce que la psychanalyse dévoile ? Le plus simple, pour le saisir, consiste sans doute à se rappeler la manière dont Kierkegaard solutionne le problème qu'il découvre. Considérant pour sa part que la raison peut additionner les connaissances, jamais elle ne remontera à sa propre origine qui est d'être née de s'extraire du lieu de la vérité, Kierkegaard, conséquemment, ne propose comme unique solution que la foi. Si l'homme s'est condamné en se séparant de la divinité qui l'avait pourtant fait créature élue, seul Dieu pourra, dans un geste de grâce similaire à l'incompréhensible du péché originel, le sauver. Autrement dit, Kierkegaard voit bien le problème, mais ne propose pas d'autre solution que l'irrationnelle croyance.

🔎 Vocabulaire

La répétition : Avant d'être un concept majeur de la psychanalyse d'orientation lacanienne, la répétition est un fait d'expérience humaine, sur lequel Kierkegaard, avant Freud, s'est penché. La répétition, c'est la triste manière d'épingler le comportement humain le plus habituel qui soit. Un échec qui n'en finit pas de se reproduire, l'horizon d'une satisfaction imaginaire qui n'en finit pas de nous leurrer, une journée ratée qui recommence indéfiniment.

Portée

Dans une perspective simplifiée de l'histoire, Lacan distingue ainsi Platon et Kierkegaard, adéquation et répétition. Le premier rêve d'une concordance que rien ne permet de considérer réelle, le second n'a pas tort de poser, au fondement de l'être humain, un mystérieux péché originel. Son seul tort est de croire impossible d'en affronter rationnellement l'énigme.

4. ... au nom de la vraie éthique du désir

Ce qui compte, c'est le désir

> « À l'opposé de cette tradition philosophique, il est quelqu'un que je voudrais tout de même ici nommer. [...] C'est Spinoza. »
>
> *Séminaire VI*, page 16.

Idée

Lacan juge négativement la tradition philosophique; il n'y voit, la plupart du temps, qu'escamotage astucieux. Peu de penseurs trouvent grâce à ses yeux, d'où le caractère exceptionnel de l'éloge rendu à Spinoza. Mais... qu'a donc fait ce dernier pour le mériter? Le Hollandais, le premier, a rappelé l'importance du désir.

Contexte

Le *Séminaire VI* achève, semble-t-il, la formalisation de la métaphore paternelle exposée dans le cinquième. Il la complète et la corrige, rectifiant la position du père, désormais toujours défaillant. Cette révélation, qui se condense dans l'exposé « il n'y a pas d'Autre de l'Autre », se répercute dans la conception lacanienne du désir. Avec un père qui perd la face, le désir inconscient change aussi de visage. Toutefois, tout n'est pas pour autant bouleversé : le constat de l'échec philosophique persiste. Lacan, au début du *Séminaire VI*, résume ainsi plus deux millénaires de tradition philosophique en moins de cinq minutes. La psychanalyse, à bien réfléchir sur le père, se doit peut-être d'amender sa propre approche, il n'en reste pas moins que la philosophie, elle, continue de se tromper du tout au tout. Et c'est dans ce contexte qu'apparaît cette exception remarquable : Spinoza.

Commentaire

Le philosophe hollandais apparaît ainsi, au tout début du *Séminaire VI*, comme un des rares penseurs que Lacan sauve d'une critique radicale. On peut se demander pourquoi. Il n'est pas interdit de penser en effet que la pensée lacanienne, fondamentalement, s'oppose au spinozisme et qu'elle se trouve en réalité beaucoup plus proche de celle d'Aristote ou de Descartes. Pourquoi ?

Qui est Spinoza ? D'une certaine manière, on pourrait dire de lui, pour l'introduire, qu'il s'agit d'un cartésien déçu. Disciple de Descartes, amoureux du clair et distinct, Spinoza embrasse la distinction de son maître et sépare dans le monde le domaine des choses et celui des idées. Seulement, contre Descartes, il s'offusque de l'hypothèse de la glande pinéale, c'est-à-dire de ce point bizarre dans le raisonnement cartésien, où ce dernier, après avoir distingué radicalement pensée et étendue, se voit contraint, en l'homme, de les rassembler à nouveau. Descartes pose ainsi l'existence incompréhensible d'un mixte, propre à l'homme, où la pensée et l'étendue se conjoignent. Voilà précisément ce que refuse catégoriquement Spinoza ; lui considère tout au contraire qu'il n'y a là rien de clair et distinct, et que Descartes, en ce point précis, se trompe radicalement.

Dès lors, le voilà contraint de repenser le monde, ce qu'il fait en réinterprétant le dualisme ontologique cher à Descartes en termes d'attributs. Là où Descartes distinguait des manières d'être distinctes, Spinoza considère qu'il n'existe en réalité qu'une seule et unique réalité, appréhendée de manières différentes. Pour le Français, il y a des choses et des idées, pour le Hollandais il y a une réalité qui peut être saisie sous la forme d'idées ou bien de choses. Au dualisme cartésien se trouve ainsi substitué le parallélisme spinoziste. La plus frappante conséquence de cette relecture est la suppression du problème des liens de l'âme et du corps : à l'insondable mystère cartésien, Spinoza répond par la solution d'un non-problème. Pour le premier, deux ordres de réalité distincts qui se nouent de manière énigmatique, pour le second une même réalité perçue de deux manières différentes. Pour Spinoza, l'âme… c'est le corps. Et réciproquement.

Dans ces conditions, l'éloge lacanien de Spinoza ne peut que surprendre. Parce que la psychanalyse, sans être franchement cartésienne, distingue néanmoins des ordres de réalité distincte, et même si Lacan n'use pas du couple âme/corps, il invente en revanche la triade symbolique, imaginaire, réel et déploie ainsi sa pensée dans un univers qui semble bien strictement incompatible avec le monisme spinoziste. Dans un espace à une unique et bien plate dimension, si mince qu'aucune topologie digne de ce nom ne semble pouvoir s'y épanouir, comment y loger ce que découvre la psychanalyse ? L'éloge de Spinoza, anobli d'avoir été le précurseur de Freud, semble bel et bien incompréhensible.

Mais tout s'éclaire si l'on garde en mémoire le fait que Lacan n'attend pas beaucoup de la philosophie. Et qu'il en résume l'essentiel sous la forme suivante : la métaphysique n'aurait fait, en somme, que méconnaître l'importance essentielle du désir, et, dans le meilleur des cas, n'aurait écrit à son sujet que pour viser à son extinction ou bien sa maîtrise. À celui qui lit l'histoire de la philosophie de cette manière, il est clair que la thèse de Spinoza, qui fait du désir l'autre nom de l'être, peut apparaître unique. Dans le fond, Lacan donne un bon point à Spinoza parce que lui, au moins, ne prend pas à la légère le désir. Que tout ce qu'il dise après s'avère faux, ou de peu de poids, n'est pas très grave : ce qui compte, c'est qu'avec lui, quelqu'un, avant Freud, fait du désir le problème majeur auquel est confronté tout homme, tout simplement.

🔍 Vocabulaire

More geometrico : *L'Éthique* de Spinoza est un texte fascinant. C'est que son auteur prend très au sérieux son ambition de transcrire en langage mathématique l'homme. Son sous-titre, en latin, l'exprime clairement : il s'agit d'un texte qui entreprend, « *more geometrico* », c'est-à-dire à la manière des géomètres de définir l'éthique humaine. Ce faisant, anticipe-t-il sur Lacan ? Ce dernier prône-t-il bien l'amour intellectuel de Dieu et le rejet de la contingence ? Non, et pourquoi ? Mais parce qu'il considère, à l'opposé de Spinoza, que l'écriture de l'homme ne l'efface pas mais fait surgir au contraire un irréductible reste. La formule du fantasme lacanien, vraie inversion de la glande pinéale cartésienne puisque le mystère de la jonction n'est plus pensé en termes de maîtrise mais de dépendance, réfute en réalité la perspective spinoziste.

Portée

Ainsi, si Lacan loue Spinoza, c'est tout simplement parce que celui-ci, de manière congruente à la découverte analytique, fait du désir le centre de toutes les préoccupations humaines. La correspondance est sans doute plus formelle que profonde, elle suffit à Lacan.

L'absurde n'est pas sérieux

> « *L'absurde est une catégorie un petit peu commode depuis quelque temps.* »
>
> Séminaire VII, page 237.

Idée

Il n'est pas compliqué de définir la philosophie, ne serait-ce qu'en écoutant parler son nom, à partir du désir. Lacan s'y refuse néanmoins. C'est qu'il estime qu'elle en parle toujours mal, comme l'illustre son estimation peu élogieuse de l'œuvre de Camus. L'absurde qui est cher à l'écrivain déplaît au psychanalyste, qui n'y voit que lâche excuse et mauvaise théorisation.

Contexte

L'année où Lacan élabore l'*Éthique de la psychanalyse*, l'œuvre de Camus est honorée du prix Nobel. Mais le psychanalyste ne goûte guère cette reconnaissance, car il ne partage pas la vision philosophique de l'écrivain. Toute l'expérience analytique, en un sens, s'y oppose en effet.

Commentaire

Ce serait faire une grave erreur que de croire que Lacan se trouve toujours dédaigneux de ses contemporains. Peu, certes, trouvent grâce à ses yeux. Mais cela arrive, il lit des textes qu'il juge de qualité, ou rencontre des penseurs dont il s'inspire. Mais il est vrai que la plupart du temps, Lacan semble déçu, irrité, voire horrifié de ce qu'il entend. Entre ces extrêmes, entre Freud d'un côté et l'*ego-psychology* de l'autre, il y a cette zone grise d'erreur malheureuse, emplie de toutes ces pensées qui ne sont pas sans talent, mais qui ratent néanmoins le plus intéressant. L'absurde cher à Camus semble y avoir une place de choix.

Qu'est-ce que Lacan peut bien lui reprocher? Après tout, ces deux pensées ne partagent-elles pas quelque chose d'essentiel, à savoir le caractère fragile, dérisoire même, de toute existence humaine. L'absurde s'avère un courant de pensée qui, indépendamment de la ligne analytique, considère que l'ordre établi et officiel n'est que semblant, voile illusoire qui recouvre une réalité que rien ne justifie. L'absurde, qu'est-ce que c'est? Rien d'autre que l'amère idée que l'existence humaine n'a pas de sens, parce qu'aucune divinité bienveillante ne surveille le cosmos, alors que nous avions longtemps cru en l'existence d'une finalité architectonique, gouvernant souterrainement l'univers.

La psychanalyse ne se caractérise pas non plus par un optimisme débordant. Les premières pages du *Malaise dans la culture* sont à cet égard édifiantes : à la fragilité du corps doublée de la puissance absolue d'un destin implacable, l'homme répond par l'institution d'une société, censée le protéger des aléas de la vie, mais dont Freud nous apprend qu'elle introduit, ce faisant, son propre lot de souffrances. Aux épreuves de la nature, nous répondons par la culture, qui nous fait souffrir autrement. Et ce constat, terrible, n'est dans le fond que la conséquence explicitement tirée de toute une série de découvertes et d'enseignements analytiques. Ces pages noires que Freud signe au crépuscule de son existence ne font que reprendre ce qu'il écrivait déjà, bien avant, avec l'enthousiasme de ceux qui découvrent un nouveau continent. Que montre en effet, par exemple, l'existence d'une sexualité infantile faite de bric et de broc, immaturité appelée pourtant à persister, si ce n'est le fait que rien, en nous, ne nous prédestine au bonheur? Le pessimisme de Camus, et de quelques autres, en ce sens, semble tout à fait partagé par Freud.

Il y a pourtant une différence majeure entre ces perspectives. L'absurde considère que le sens n'existe guère, tandis que la psychanalyse constate que l'homme souffre de la vérité. La vérité du désir bien sûr, qui est là, prête à jaillir, et pourtant, impuissante à s'écouler. Autrement dit, ce qui réfute Camus, c'est l'existence du symptôme, tout simplement. Ne lui en déplaise, le névrosé reste étranger à la haute métaphysique de l'absurde, car lui croit dur comme fer à la vérité, à la vérité inconsciente de son désir refoulé. D'où le terme assassin de « commode » : c'est faire trop peu de cas de ce qui nous brûle de l'intérieur que de considérer que tous les désirs sont vains, que la vérité reste inaccessible, que le sens n'est qu'illusion.

🔍 Vocabulaire

L'absurde : Le XXe siècle voit apparaître une nouvelle sensibilité de l'homme face au monde. Bien loin de l'Antiquité qui s'étonne et admire, ou de l'époque moderne qui découvre et s'enthousiasme, l'ère contemporaine a été prise d'un sentiment nouveau : l'absurde. Ce n'est plus l'assurance de vivre au sein d'un monde piloté par un Dieu tout-puissant, ou l'angoisse de se demander si nous vivons conformément à ses exigences, mais la déflagration d'une épouvantable prise de conscience : le ciel est vide, l'existence humaine est absurde. Sorte de tragique vidée de l'ivresse de la grandeur, ce sentiment apparaît en même temps que s'effondre la croyance au sens.

Portée

Si l'absurde est jugé par trop « commode », c'est donc qu'il rate l'essentiel et ménage à peu de frais une solution lâche et paresseuse à la brûlure intime de la vérité de nos plus ardents désirs.

Résoudre, dissoudre, absoudre

« *faites des mots croisés.* »

Fonction et champ de la parole et du langage,
Écrits, page 266.

> ### Idée
>
> Au-delà de l'absurde, c'est toute la philosophie que Lacan condamne comme simple bavardage : une métaphysique, aussi brillante soit-elle, n'a jamais soigné qui que ce soit. La psychanalyse en revanche le peut. C'est là sa raison d'être, et l'incontestable preuve de sa validité.

Contexte

Avec *Fonction et champ de la parole et du langage* commence, comme nous l'avons très brièvement rappelé, un vaste programme de recherche, conséquence de la découverte par Lacan de la pensée de Lévi-Strauss. À découvrir, ou relire ce texte, quelque chose frappe : la très grande puissance accordée à l'analyste. Il peut beaucoup, comme en atteste massivement l'immanquable triade verbale rappelée dans notre titre. C'est que le symptôme est tout entier, comme le dit encore expressément Lacan, résorbable dans une analyse de langage. Cette affirmation audacieuse se retrouve mille fois dans ce texte. D'ailleurs, n'est-il pas possible de lire en ce sens le curieux conseil que Lacan adresse aux jeunes analystes, en ouverture de sa deuxième partie ?

Commentaire

Lacan égrène toute une série d'indications et de conseils aux praticiens dans son texte majeur de 1953. Celui de faire des mots croisés, toutefois, peut sembler étonnant. En quoi cela contribuera-t-il à la formation de l'analyste ? Qu'est-ce donc qu'une grille de mots croisés ? Un ensemble de signifiants à correctement retrouver, à partir de définitions originales. Les cruciverbistes le savent bien, celles-ci ont ceci de remarquable qu'elles semblent incompréhensibles en première analyse, alors qu'après-coup elles deviennent évidentes. La définition a quelque chose d'entêtant, parce que le mot de l'énigme échappe… mais lorsque celui-ci se trouve dégagé, les ténèbres disparaissent définitivement. N'en va-t-il pas de même pour les symptômes ? D'une certaine manière, si Lacan conseille aux analystes de s'entraîner à faire des mots croisés, c'est bien parce que les névrosés, eux, sont des verbicrucistes qui s'ignorent.

Ils le sont dans la mesure où les symptômes qui les travaillent sont des messages, des messages qui se répètent, faute d'avoir été correctement réceptionnés, et non correctement réceptionnés, ils le furent en raison de leur écriture étrange. Le symptôme est un message qui se répète de n'être pas entendu, et qui n'est pas entendu en raison de l'usage d'une réalité non symbolique comme d'un signifiant. Autrement dit, le symptôme est une parole difficilement audible de n'être pas tout entière, classiquement, formulée. Un mal de gorge par exemple, qui se reproduit chez l'élève à chaque fois que l'enseignant reprend la parole, cessera subitement si ce dernier lui demande ce que lui, l'élève, n'ose pas critiquer dans le discours qu'il entend. Un symptôme analytique est un message en voie d'acheminement, qui passe mal et qui donc se répète, encore et encore.

Cette idée, Lacan la prélève de l'expérience analytique mais également du texte lévi-straussien qui le premier, très certainement, attira son attention. À savoir *L'efficacité symbolique*. C'est dans celui-ci, en effet, que l'anthropologue énonce cette thèse audacieuse : la patiente en proie aux douleurs de l'enfantement peut se trouver guérie sous l'effet d'un chant. Comment rendre compte de ce qui apparaît comme pure magie ? Lévi-Strauss répond par le pouvoir du signifiant. Le shaman en a quelques-uns en stock et peut, grâce à eux, donner le mot qui manque à la femme en train d'accoucher. Lacan reprend entièrement à son compte cette analyse : nous sommes tous en proie aux douleurs de l'enfantement, nous sommes tous en manque de mots, et c'est pourquoi nous souffrons et avons des symptômes.

Il est clair qu'à envisager le symptôme comme message qui se répète en boucle de n'être pas bien passé, en raison d'une défaillance signifiante suppléé par un usage inattendu du corps propre, l'interprétation juste se vérifie d'entraîner immédiatement une modification du sujet la réceptionnant. C'est pourquoi, dans le rapport de Rome, l'analyste peut beaucoup, à condition de toucher juste. À l'image des grilles de mots croisés, les termes qui nous fuient et que nous n'arrivons pas à écrire, existent néanmoins. Le symptôme n'est pas qu'une souffrance entêtante, il est également une énigme qui admet une réponse. Ainsi, si, par-delà le cas particulier de l'absurde, Lacan dévalorise toute métaphysique, ce n'est pas parce que Freud aurait proposé une explication du monde plus cohérente que celle des philosophes. Non, il la jette à la poubelle pour des raisons plus pragmatiques : la philosophie, aussi belle soit-elle, n'a jamais soigné personne. Ce qui n'est pas le cas de l'analyste, qui, à chaque fois qu'il touche juste, opère un incontestable changement significatif en son patient.

Vocabulaire

Le symptôme : Le symptôme fait partie de ces rares mots à résumer presque à lui tout seul l'originalité psychanalytique. Ce n'est certes pas elle qui l'invente. Le symptôme est d'abord médical, l'indice d'une maladie que le médecin cherche à identifier. Mais Freud en modifie le sens, il en fait une parole à entendre. Avec la psychanalyse, le symptôme devient voix étouffée, mot secret, discours entravé. Il est, pour aller au plus simple, lettre en souffrance, désir à l'envers, vérité refoulée. Ainsi, ce fameux désir dont elle se targue de l'avoir seule dévoilé, il était là, depuis toujours, dissimulé dans ce symptôme entêtant, attendant décryptage et libération.

Portée

La théorie du symptôme exposée dans le rapport de Rome soulève la question de savoir pourquoi l'homme, névrosé, se trouve devoir prêter son corps pour se faire l'alphabet vivant des petites lettres qui lui font défaut. C'est un vrai problème, que Lacan ne laisse pas sans réponse. Mais cette théorie suppose également, dans le droit fil de ce qu'a pensé Lévi-Strauss, qu'il est possible de capturer adéquatement le sens fuyant dans le mot qui convient. Et c'est cette supposition, particulière, que Lacan remet rapidement en cause.

Plutôt ne pas être

> « ... l'éthique tragique, qui est celle de la psychanalyse. »
>
> *Séminaire VII*, page 300.

Idée

On l'a vu, Lacan ne goûte guère les charmes de l'absurde. Non qu'il considère que l'homme se promène au sein d'une nature bien faite et bien intentionnée, mais parce qu'il estime que cette philosophie, comme toutes les autres, ne prend pas assez en compte le drame subjectif de la vérité. Est-ce à dire pour autant que la psychanalyse se résout tout entière à analyser le symptôme et libérer le désir ? Hélas, non… Au pari d'un regain de liberté s'ajoute en effet la certitude d'un pesant tribut.

Contexte

Le séminaire VII s'intitule *L'Éthique de la psychanalyse*, et Jacques-Alain Miller propose, pour sa dernière séance, comme second titre : « As-tu agi en conformité avec ton désir ? » Cette question, redoutablement simple, exprime beaucoup de ce que doit être une psychanalyse.

Commentaire

Nous venons de voir que Lacan, dans le rapport de Rome, envisage le symptôme comme message qui s'entête de ne pas être correctement déchiffré. Dans cette perspective, c'est à l'analyste de travailler. Et donc, fort logiquement, dans le cadre de cette théorisation, c'est à l'analyste aussi que revient la responsabilité d'avoir à indiquer à son patient quand la cure s'avère terminée. Or, Lacan ne maintiendra pas cette thèse, il l'inversera même. Bientôt, ce sera au patient, seul, de prendre la responsabilité d'oser proclamer qu'il en a fini avec le divan. Pourquoi ? Pour répondre à cette question compliquée, le plus simple est peut-être d'indiquer que se superpose bien vite à la problématique du symptôme celle du fantasme. Le premier s'interprète et disparaît, mais pas le second. Pourquoi ? Pourquoi, alors que rien ne semble pouvoir résister au pouvoir de l'analyste dans le rapport de Rome, Lacan se trouve-t-il contraint de poser la persistance d'un voile fantasmatique ?

La théorie du fantasme s'inscrit dans un cadre théorique distinct de celui du symptôme. Lacan l'élabore en posant que le désir qui agite tout homme, procédant de l'Œdipe, suppose une construction subjective particulière où l'enfant s'emploie à deviner ce qui se trouve attendu de lui. Il se repère à partir de cette fragile boussole. Désirant d'abord et avant tout être désiré, il s'aligne sur le désir qu'il croit saisir. Appelons fantasme l'hypothèse que fait tout sujet d'avoir trouvé ce qui se trouvait attendu de lui. Le désir qui se cache toujours dans le symptôme se trouve donc, dans ces conditions, renvoyer à une structure plus complexe encore d'intersubjectivité fantasmée. Mais les choses se compliquent encore, parce que la structure fantasmatique elle-même procède d'une béance inaugurale, où l'énigme du désir de l'Autre reste insoluble. Le fantasme la résorbe de la résoudre, en donnant alors naissance au sujet, tel que la psychanalyse l'expérimente sur le divan. Le monde dans lequel nous vivons est la conséquence d'une hypothèse fantasmatique sur laquelle il semble plus que difficile de revenir, attendu que la conscience que nous avons, qui se croit libre, n'est elle-même que la conséquence de cet acte inaugural ! Ainsi, la relecture lacanienne du refoulement originaire freudien à l'aune du sujet barré soudé au petit a inverse la ligne de raisonnement du symptôme. La triade résoudre, dissoudre, absoudre s'avère ici résolument inopérante ! Alors, que faire ? Lacan doit bien frayer un chemin pour s'en extraire, autant que faire se peut, sinon la psychanalyse n'aurait plus aucun intérêt. Mais quelle nouvelle solution inventer ? La manière dont Lacan construit l'arche fantasmatique, constitutive de toute subjectivité, semble en effet exclure toute issue.

Il en existe une pourtant. C'est que le fantasme, à l'origine, n'est qu'un mensonge, un mensonge auquel le sujet croit, mais un mensonge quand même. Face à l'énigme abyssale du désir de l'Autre, le sujet s'est inventé une réponse… mais une réponse dont il ne jouit qu'à distance raisonnable. À vivre son fantasme, le sujet réaliserait qu'il ne sait toujours pas ce que l'Autre attend de lui, et le monde tel qu'il le connaît s'écroulerait donc. Le désir a donc bien raison de se cacher dans le symptôme, parce qu'à se réaliser ouvertement, il plierait sous le poids de la désillusion. N'est-ce pas l'incontestable avantage des désirs empêchés que de maintenir la croyance au bonheur possible ? Ainsi seul le courage d'aller voir au plus près ce qu'il en est de son fantasme permet d'en faire vaciller l'édifice. Il y a donc bien une solution, c'est celle qui consiste à oser réaliser enfin ce que nous ne faisions que rêver dans le symptôme. C'est dire, pour finir, que la psychanalyse n'enseigne pas seulement l'art de la lecture, mais encourage également à l'audace d'agir. Et c'est ainsi que l'éthique analytique retrouve celle de la tragédie. Car la tragédie, pour les Grecs comme pour nous ne commence que lorsque la parole n'a plus cours, qu'aucune solution n'est possible, et qu'il va falloir, hélas, pâtir de son acte.

> ### 🔎 Vocabulaire
>
> **La catharsis** : Lacan, après Freud, réemploie le terme de catharsis ; ce mot, utilisé deux fois seulement dans l'immense corpus aristotélicien, et de manière discrète qui plus est, a connu toutefois une fortune immense. On le traduit comme on peut, par « purification » le plus souvent. Dire de la psychanalyse qu'elle retrouve l'éthique tragique ne revient-il pas à indiquer que tout au bout du processus analytique, le sujet n'obtient pas ce qu'il réclamait, mais trouve autre chose, et non sans prix, un désir nous apprend Lacan plus averti ?

Portée

Nous venons donc, très rapidement, de voir de quelle manière Lacan redéfinit la psychanalyse comme la véritable éthique du désir. Contre l'étrange sagesse défendue par la pensée de l'absurde, qui résume assez bien l'impuissance philosophique à faire face au fer de la répétition, Lacan préconise deux armes complémentaires : l'interprétation et l'action. Pour y voir plus clair par rapport à son désir, il convient d'avoir l'intelligence de lire et l'audace d'agir. Et réciproquement ! L'ambition lacanienne de réinventer la psychanalyse se condense, d'une certaine manière, dans cette question, cet espoir, ce pari : que nous a légué Freud en effet, si ce n'est la possibilité sauvegardée de réaliser notre désir, c'est-à-dire non pas de l'atteindre, mais de le découvrir ?

B. Son extension

1. L'art

L'énigme d'Hamlet

> « ... on voit bien qu'il y a quelque chose qui ne va pas dans le désir d'Hamlet. »
>
> *Séminaire VI*, page 291.

Idée

Lacan s'est emparé de la tragédie pour formaliser l'expérience analytique. La complicité entre ces deux domaines est telle que l'inverse devrait s'avérer tout aussi instructive. Les énigmes de la tragédie, en partie impénétrables jusqu'à Freud, ne s'évanouissent-elles pas avec l'avènement de la psychanalyse ? C'est du moins le pari du Lacan, qui s'attaque, entre autres, à celle d'Hamlet : si tout le monde voit bien qu'il y a quelque chose qui cloche au niveau de son désir, personne ne semble jusqu'à présent en avoir percé le mystère.

Contexte

D'une certaine manière, le *Séminaire VI* boucle un premier pan de l'enseignement lacanien. L'élaboration complexe de la métaphore paternelle, enclenchée avec les introductions en bonne et due forme du nom du père dans le troisième et du phallus dans le quatrième, puis d'une première formalisation de leur articulation dans le cinquième, s'y achève avec la révélation d'un père nécessairement défaillant. Les sept leçons sur Hamlet exposent cette relecture, précisée, de l'Œdipe.

Commentaire

À qui veut montrer que Lacan s'appuie sur la tragédie pour illustrer sa propre théorie, les exemples ne manquent pas. Rares sont les séminaires où Lacan ne prend pas le temps de s'arrêter sur une pièce pour en faire un commentaire décapant et instructif. Sophocle, avec le personnage d'Œdipe, est évidemment sollicité ; il l'est également avec celui d'Antigone. Y a-t-il meilleur choix en effet lorsqu'il s'agit de montrer que l'éthique, la vraie, s'oppose toujours à la morale du groupe ? Mais d'autres auteurs et d'autres pièces font l'objet de l'analyse lacanienne. Si pourtant il faut choisir une œuvre parmi d'autres, afin d'illustrer au mieux l'opération lacanienne de relecture des classiques tragiques, *Hamlet* peut s'imposer. Le chef-d'œuvre de Shakespeare soulève en effet, depuis qu'il est apparu, une insondable énigme qui redouble celle de la tragédie elle-même. Car, depuis Eschyle, la question se pose de savoir quel plaisir peut être pris à assister à un spectacle dont l'issue, fatale, est connue d'avance. Personne ne s'étonne du succès de la comédie… mais quel est donc le ressort de la satisfaction tragique ? Question entêtante que le génie de Shakespeare ressuscite en inventant le personnage d'Hamlet, ce prince qui doit agir… mais qui se trouve, très mystérieusement, empêché. Alors, quel plaisir prenons-nous donc à assister à une tragédie en général ? Au nom de quelle raison énigmatique partageons-nous le drame d'un obscur danois frappé en son cœur d'une impuissance incompréhensible ? Ces deux questions s'épousent.

À cette double énigme, la psychanalyse ne permet-elle pas d'apporter une réponse ? D'ailleurs, Freud ne l'a-t-il pas fait ? Pour Œdipe certes, il a indiqué à quel point son destin nous concernait tous, mais pour Hamlet, il ne le fit que rapidement. Et c'est Jones qui s'est employé, dans le cadre d'une étude spécifique, à montrer de quelle manière la psychanalyse éclaire la célèbre énigme du « delay », de la troublante inaction d'Hamlet. Mais tout cela ne convient pas du tout à Lacan : la lecture de Jones, à ses yeux, ne fait que redoubler l'énigme d'Hamlet. Pourquoi donc hésiterait-il à obéir à l'injonction sacrée du fantôme, apparaissant alors tout à la fois comme le meurtrier de l'infâme amant de sa mère et le digne fils de son noble père ? Lacan considère tout simplement sa prétendue réponse comme ridicule. Il l'ajoute à la liste conséquente des lectures ayant raté le point important.

Mais alors, l'essentiel, où est-il ? Lacan le localise dans la figure d'Ophélie. C'est avec elle que se trouve la solution, mais pour qu'elle fonctionne comme la clef qu'elle est, encore faut-il avoir une idée précise de la porte qu'elle ouvre… Le problème est fort simple : la tragédie d'Hamlet recèle d'un secret qui ne se livre qu'à celui qui en pose correctement l'énigme, à savoir non pas simplement la raison de son impuissance incroyable, mais également la raison jumelle de son inattendu passage à l'acte. Voilà ce qui intéresse Lacan : pourquoi celui qui se trouve frappé d'impuissance se transforme-t-il subitement de lâche philosophe en guerrier intrépide ? Or, il y a une manière simple de répondre à cette question compliquée. C'est celle que Lacan introduit en posant l'importance cruciale du désir de la mère. Le « que suis-je ? » existentiel n'a de sens que connecté à un « que me veut-elle ? » plus prosaïque. Si la mère ne veut rien de particulier alors aucune réalisation personnelle n'est possible. Or, c'est bien ce qui s'est réalisé, dans un moment d'atroce révélation, dans la proximité fameuse de l'enterrement du roi et des ré-épousailles de sa mère. Voilà l'événement qui a fait basculer les fondations de l'univers subjectif du jeune prince. C'est qu'à mère indifférente, enfants sans espoir.

Et c'est là que joue Ophélie. Cette dernière apparaît en se tuant, en cela que son suicide démontre que toutes les femmes ne sont pas pareilles à l'obscène mère d'Hamlet. La voilà donc qui prouve au prince écœuré, en sortant du jeu, qu'elle n'était pas prête à tout. En disparaissant, elle le réfute. Et du coup, son frère a bien raison de manifester son deuil : n'était-elle pas, elle, digne d'être aimée ? Ainsi, il existe encore des êtres précieux, des femmes exigeantes et des hommes dont il est bon de s'inspirer. S'expliquent ainsi et la raison de la procrastination et de la fougue retrouvée ! Ophélie en se suicidant a permis à Hamlet de se défaire de sa mère mortifère.

> ## 🔍 Vocabulaire
>
> **La boussole** : Lacan, commentant la tragédie d'Hamlet et dégageant le rôle déterminant d'Ophélie, use à son égard du terme de baromètre, baromètre certes un peu particulier en la matière puisqu'il mesure plus l'érection d'un désir que la pression de l'air. Lacan n'en fait pas mention explicite, mais il y a pourtant un autre instrument, apparenté, qu'il sollicite constamment dans sa relecture de Shakespeare. Hamlet, en effet, apparaît littéralement déboussolé.

Portée

Lacan se frotte donc à l'antique question de savoir pourquoi nous apprécions la tragédie. Pour lui, elle nous séduit mystérieusement en cela qu'elle dévoile la loi secrète de notre propre existence.

La peinture décryptée

> « *Que la fonction du peintre est tout autre chose que l'organisation du champ de la représentation où le philosophe nous tenait dans notre statut de sujet.* »
>
> *Séminaire XI*, page 101.

Idée

La révolution en peinture qui apparaît avec la Renaissance se trouve remarquablement illustrée par la philosophie cartésienne : primat du sujet et règles de la perspective ne vont-ils pas de pair ? Ce n'est pas ce que pense Lacan, qui propose une nouvelle analyse de la peinture, centrée sur sa propre théorie du sujet barré.

Contexte

À lire le *Séminaire XI* à la suite de ceux qui le précèdent, ce qui frappe d'entrée est la mise en place d'une nouvelle définition de l'inconscient, qui vient prendre le contre-pied de celle qui s'était dépliée à partir du deuxième. L'analyste qui était comparé à un appareil enregistreur se fait chasseur d'occasions qui ne se reproduiront pas. Et c'est dans ce mouvement de tectonique des plaques conceptuelles, où précisément Lacan accueille pleinement la pulsion freudienne dans son propre édifice théorique, que fait irruption la peinture.

Commentaire

La référence à la peinture, dans le *Séminaire XI*, procède directement de la publication, suite au décès de Merleau-Ponty, de la publication posthume d'un travail inachevé. Mais la raison de la profonde analyse qu'elle occasionne est sans doute plutôt à chercher dans le réaménagement conceptuel que Lacan fait subir à sa pensée, où la tache aveugle au cœur de l'activité pulsionnelle surclasse le drame d'un désir narcissique. Quoi qu'il en soit, Lacan s'intéresse au tableau et en propose une analyse, distincte de celle de son ami phénoménologue. Les deux s'accordent néanmoins sur le fait suivant : l'analyse classique, d'inspiration cartésienne, de la peinture est à refaire. Pourquoi ?

Il est clair que les règles de la perspective anticipent de manière saisissante l'avènement du sujet cartésien. Qu'est-ce qu'un tableau en effet, à partir de la Renaissance ? Une représentation du monde, impeccablement dessinée à partir de règles mathématiques simples. Mais pour en avoir l'idée, encore fallait-il oser penser que le vu s'organise autour de l'œil, centre invisible et organisateur de toute perception. La même logique d'extraction se retrouve dans la projection de Mercator. Pour réussir à dresser la carte du monde, ne faut-il pas s'imaginer être nulle part sur Terre ? Pour pouvoir peindre un tableau, ne faut-il pas s'arracher de la pâte du monde et se faire œil invisible ? La même logique se retrouve donc dans la production artistique et la recherche scientifique. Lacan ne le nie pas, mais tord ce raisonnement. Pour Descartes, nous pouvons maîtriser les lois de la perspective et faire de la science… pour Lacan, la peinture illustre le point aveugle, fantasmatique, à partir duquel s'ordonne le tableau que nous voyons. Autrement dit, les règles de la perspective, par l'intermédiaire desquelles s'ordonne le monde que nous voyons, symbolisent pour le philosophe la puissance de notre esprit, tandis qu'à l'inverse, elles servent au psychanalyste à illustrer l'obscurité constitutive de notre existence. Cette impossibilité, que Lacan ici illustre, mais qu'il démontre ailleurs, signifie donc, tout simplement, que le regard qui donne à voir, s'avère, pour celui qui voit par son intermédiaire, invisible en tant que tel. L'autoportrait le plus authentique ne permet pas encore au peintre de s'atteindre dans la simultanéité d'un regard se regardant.

Mais, ce même regard qui fuit le peintre, le spectateur, lui, en profite en regardant la toile ! Regardant le monde d'une autre perspective, il se trouve donc confronté, pour sa part, à un autre regard que le sien. Toute peinture offre ainsi un décentrement inattendu et gratifie son spectateur d'une vision autrement impossible. Derrière la moins humaine peinture morte se cache toujours un visage d'homme. Ce n'est pourtant pas Arcimboldo, célèbre pour ses portraits anthropomorphes faits, entre autres, de fruits et de fleurs, que Lacan choisit de commenter dans le *Séminaire XI*, mais un tableau d'Holbein, *Les Ambassadeurs*. On croit comprendre pourquoi. Ce tableau est en effet fameux de par l'étonnante tache qui flotte étrangement aux pieds des deux hommes, peints auréolés de tous les symboles du prestige. Il s'agit d'une anamorphose, c'est-à-dire qu'au tableau construit classiquement s'est surajoutée, sur la même toile, une seconde représentation, qui ne devient visible qu'en se mettant, à une certaine distance de biais, sur le côté droit. L'usage des lois de l'optique, nécessaire à la construction du tableau, se trouve donc, de manière exceptionnelle, redoublé. Voilà un artifice saisissant, qui ne peut que convenir à Lacan, puisqu'il illustre à merveille sa propre idée, à savoir que le regard qui nous précède, à partir duquel nous voyons toutes choses, n'est hélas rien d'autre que celui de la mort elle-même ! Piégé en effet dans une perspective fixe qui nous précède, alors que nous croyons voir les choses, c'est la mort qui silencieusement nous regarde ! C'est toujours la mort qui nous toise de son œil aveugle. Et c'est pourquoi le tableau d'Holbein redouble et incarne au mieux le miracle de la peinture, de nous donner à voir l'invisible regard à partir duquel nous voyons le monde.

🔍 Vocabulaire

Paradigme : Employé, entre autres, en linguistique et en histoire des sciences, ce terme a plus d'un sens. Il nous vient du grec et désigne l'exemple remarquable qui montre bien. De prime abord, cela surprend : tous les phénomènes apparentés ne sont-ils pas soumis aux mêmes règles ? À qui veut apprendre la conjugaison en français, pourquoi préférer aimer à chanter ? Les deux illustrent les mêmes règles. Alors, pourquoi parle-t-on de paradigme en conjugaison, pourquoi parle-t-on de paradigme tout court ? C'est qu'il faut distinguer celui qui cherche la loi de celui qui la connaît. Celui qui la connaît la retrouve partout où elle s'applique. Celui qui la cherche ne la découvre pas n'importe où : certains phénomènes se prêtent plus que d'autres à cet heureux dévoilement. Ainsi, le paradigme est cet exemple à part qui fait exception de montrer la loi régnante autrement dissimulée.

Portée

Dans une inversion remarquable du platonisme, Lacan accorde donc à la peinture le pouvoir de nous donner à penser notre statut autrement insoupçonné de prisonnier.

L'envers du symptôme

> « ... *les poètes, qui ne savent pas ce qu'ils disent, c'est bien connu, disent toujours quand même les choses avant les autres.* »
>
> Séminaire II, page 16.

Idée

Avec aisance et érudition, Lacan se promène dans le champ de l'art. Il s'inscrit, ce faisant, dans la plus grande tradition des philosophes qui s'accaparent les chefs-d'œuvre avec l'assurance des conquérants. Est-ce à dire pour autant qu'il fasse du beau l'annexe, la vitrine, le musée du vrai ? Absolument pas. L'art n'est pas, en psychanalyse, source d'illustration et de vérification, il est aussi – et d'abord – terre de belles anticipations.

Contexte

Le *Séminaire II* ne s'impose pas d'emblée comme source de références pour qui s'intéresse à la manière lacanienne de lire les œuvres d'art. Il comprend certes une analyse rapide de Sophocle, mais cela n'a rien d'exceptionnel, tous les ans, ou presque, Lacan faisant référence à la tragédie. Ce séminaire est plus célèbre d'abord pour introduire l'Autre avec une majuscule, ensuite pour exposer en détail le schéma L, enfin pour la relecture, fameuse, du conte de Poe. Tout cela apparemment ne traite donc pas directement de la nature du beau...

Commentaire

Nous venons de voir, par deux exemples rapides, de quelle manière Lacan s'approprie les œuvres d'art ; est-ce à dire qu'il se considère maître du beau ? On pourrait le penser, attendu qu'il ne s'estime pas déjugé par l'artiste si celui-ci conteste sa construction. On peut aussi lire sa thèse de manière différente, et rappeler que l'assurance de Lacan vis-à-vis de la subjectivité de l'artiste n'a d'égale que sa propre sujétion à l'encontre de l'œuvre qu'il examine. C'est dans cette perspective que nous prenons la citation mise en exergue. Son sens immédiat indique que les poètes devancent les philosophes et psychanalystes, à qui revient la tâche plus laborieuse de justifier leurs dires prophétiques. La chose est assez classique, Lacan d'ailleurs ne le cache pas. En quoi consiste donc son originalité ?

Pourquoi ne pas la voir dans le fait qu'il se propose, lui, d'en donner l'explication ? Autrement dit, non pas seulement qu'il montre pourquoi le poète a bel et bien devancé sa pensée, à lui Lacan, mais qu'il rende compte du fait que tout poète authentique devance toute pensée sérieuse ? Ne serait-ce pas très intéressant d'apprendre, avec Lacan, pourquoi les poètes devancent toujours les penseurs ? Nous passerions ainsi du banal « c'est bien connu » à une explication inédite. L'entreprise semble possible.

La citation choisie est extraite d'un passage où Lacan rappelle Rimbaud. L'auteur du stade du miroir s'associe au dire foudroyant « je est un autre ». Il le fait dans le cadre d'un séminaire qui tourne autour de la construction du schéma L, dont dans le quatrième encore, Lacan dira que sa réflexion y culmine. Il le dira certes très précisément au moment où s'amorce son déclin, le graphe du désir pointant dès lors à l'horizon. Il n'en reste pas moins que, pendant tout un temps de sa réflexion, Lacan, fondamentalement, exploite et déplie le schéma L. Ce dernier s'illustre dans le conte de Poe, où la lettre incarne l'intersubjectivité constitutive de tout être humain. Rien de plus faux que de croire être au centre, de se prendre pour légitime possesseur de la lettre reçue, en réalité celui qui l'a réceptionnée ne la possédait pas plus que celui qui l'a envoyée. Je dois donc prendre le risque de la réexpédier à mon tour, d'en faire le matériau d'une parole pleine, plutôt que de succomber au piège dans lequel tombe le ministre, et dont se moque Dupin : croyant la garder pour lui, il la perd définitivement.

Le schéma L pose donc une intersubjectivité première, mâtinée de Hegel, et de Lévi-Strauss aussi. Son idée princeps semble être la suivante : le flux symbolique qui unit deux sujets s'est rompu, un écran imaginaire s'interpose entre les deux. Et c'est là, sur cette croix, à l'intersection des lignes symbolique et imaginaire, que se loge l'illusoire conscience de soi. Mais les choses ne s'arrêtent pas : le flux symbolique, bloqué par l'irruption imaginaire, cherche à se répandre, il n'y arrive pas naturellement, il investit le corps et s'écrit alors en lettres de sang : le symptôme, fruit de l'interruption symbolique, en est l'écriture détournée. Il suffit donc, dans ces conditions, de l'interpréter, pour le voir disparaître. Ce sont là des choses dont nous avons déjà parlé.

Mais n'avons-nous pas là, également, une première théorisation, prête à l'emploi, de l'œuvre d'art ? Après tout, le symptôme, c'est cette vérité qui nous devance et que nous ne savons pas entendre au moment où nous l'articulons. En ce sens, nous sommes tous poètes d'être en avance sur ce que nous ne réalisons pas dire. Enfin, nous ne sommes pas poètes d'être précisément névrosés, emprisonnés dans une ritournelle infinie. Justement… ce dernier qui n'entend pas ce qu'il répète dans son symptôme n'est-il pas par là ouvert à cet étrange envers du symptôme qu'est l'œuvre d'art, qui lui annonce sans qu'il en possède encore très bien le sens, la bonne nouvelle d'une délivrance possible ? Le poète en ce sens nous devance… d'anticiper sur ce que nous pourrions nous-mêmes découvrir ! À l'envers du symptôme qui se répète, imaginaire bloqué, il y aurait ainsi l'œuvre d'art, imaginaire prometteur.

🔍 Vocabulaire

Le poète : Le poète est une figure majeure de l'artiste, au même titre que le peintre, parce que les deux usent, contrairement à d'autres arts qui les mélangent, d'un unique matériau. Peut-on en proposer une définition ? Aristote nous apprend qu'ils écrivent en vers des histoires qui traitent, non de ce qui arriva mais de ce qui devrait arriver ; Lacan ajoute : le poète est le terme par lequel est nommé, rétrospectivement, l'expéditeur proche et lointain à la fois de cette lettre reçue dont le sens nous reste encore en partie mystérieux mais dont nous ne doutons pas une seule seconde qu'il nous touche intimement.

Portée

Qu'est-ce donc que le beau ? Pourquoi ne pas l'envisager tout d'abord comme la réception d'un message nous concernant mystérieusement, mais dont la signification reste à éclaircir ? À l'envers du symptôme, il serait ainsi sens à décrypter non pas émis mais reçu.

Ce dont on ne peut parler, il faut le montrer

> *… il est faux qu'on puisse dire que l'interprétation, comme on l'a écrit, est ouverte à tout sens sous prétexte qu'il ne s'agit que de la liaison d'un signifiant à un signifiant, et par conséquent d'une liaison folle. L'interprétation n'est pas ouverte à tout sens.*
>
> Séminaire XI, page 225.

Idée

L'œuvre d'art peut se saisir comme sens en approche, d'anticiper sur ce que nous ne savons pas encore penser. Mais ce n'est pas tout : Lacan l'envisage également à l'envers comme la matérialisation étonnante de ce qu'aucun discours ne saurait attraper.

Contexte

Lacan dans le *Séminaire XI* distingue résolument répétition et transfert. S'il ne faut pas les confondre, c'est parce qu'ils l'étaient auparavant. Ils l'étaient pour tout le monde, c'est-à-dire pour les freudiens d'abord, mais pour Lacan aussi, en cela que lui les séparait d'une manière qu'il déjuge finalement. Avant, le transfert surgissait quand la dialectique se grippait, voilà maintenant que c'est la répétition qui s'avère sans espoir. Mais alors, quand parler revient à rater, que reste-t-il à faire ?

Commentaire

La citation donnée en exergue s'inscrit dans une ligne de raisonnement complexe : pourquoi Lacan se sent-il contraint, dans le cadre d'une modification profonde de sa saisie de l'inconscient de revenir, et de préciser, le sens de l'interprétation analytique ? Il le fait, pour aller à l'essentiel, parce qu'il est en train de mettre au point une théorie du fantasme qui surclasse celle du symptôme qu'il avait lui-même précédemment inventée. Celle-ci, exposée dans *Fonction et champ du langage et de la parole*, pose un analyste thaumaturge, dont les pouvoirs semblent presque infinis. La triade exposée à la page 281 des *Écrits* « résoudre, dissoudre, absoudre », l'illustre impeccablement. D'abord le psychanalyste a quelque chose du détective qui élucide le crime et démasque le coupable. Voilà résumée à grands traits la théorie du symptôme. La solution existe, elle est déjà là, cachée, n'attendant que l'oreille experte de l'analyste pour venir au jour. L'interprétation, dans cette configuration conceptuelle, se fait rayon de soleil.

Avec la montée en puissance de la théorie du fantasme, les choses changent radicalement. Lacan passe d'une constellation où le sujet refuse de dire la vérité, et le paye donc dans le symptôme, à une autre où l'homme, contraint de répondre à une question insoluble (que veut la mère ?) invente une réponse fantasmatique dont lui-même, en tant que sujet barré, s'avère être la conséquence. Si le symptôme s'interprète, le fantasme, lui, résiste à l'interprétation : fabricateur du sens qui fait tenir l'univers subjectif, il ne saurait en tant que tel être dissipé par une adjonction de signification supplémentaire. Vouloir interpréter le fantasme revient à espérer atteindre le centre en remontant indéfiniment le cercle ! C'est dire donc qu'au même moment où le fantasme surclasse le symptôme, l'interprétation semble être, pour sa part, déclassée. Si parler ne permet plus d'épingler mais revient toujours à rater, l'interprétation analytique conserve-t-elle encore un intérêt ?

Dans la citation donnée, Lacan répond très clairement que c'est encore le cas. L'interprétation ne devient pas folle d'être en proie à une liberté non encadrée du simple fait que le langage, toujours, échoue à capturer l'être. En effet, quand Lacan construit sa théorie du fantasme, qu'il assoit solidement sur le couple conceptuel d'aliénation et de séparation, il pose, de manière complexe, l'existence d'une très mystérieuse livre de chair prélevée sur le corps vivant afin que la roue langagière, stabilisée par ce noyau indicible, se mette à tourner. Freud ne disait pas autre chose en posant l'existence d'un refoulement originaire, c'est-à-dire d'un ineffable à partir duquel tout ce qui s'articule reçoit son sens. Sa transcription lacanienne, dans la formule du fantasme sujet barré poinçon petit a, ne dit pas autre chose. Bien sûr, comme toute formule lacanienne, elle exige d'être lue en fonction du contexte, il n'en reste pas moins qu'elle désigne, prioritairement la soudure mystérieuse mais stabilisatrice entre un discours infini, mais bloqué, et un objet central, mais inaccessible. Dans ces conditions, la mission de l'interprétation se trouve redéfinie, de pointer précisément en la direction de cet indicible. Elle était libératrice d'être élucidation, la voilà devenue inquiétante d'obscurcir ! Elle est donc tout sauf folle, de pointer avec précision la tache aveugle à tout discours.

Vocabulaire

Fort - da : On sait qu'il s'agit là d'une observation freudienne fameuse : un petit enfant s'amuse avec une pelote, la lance et la récupère, ponctuant les allées et venues par des sons signifiants en allemand la proximité et l'éloignement. Le fait semble anodin, mais Freud s'en sert de tremplin pour élaborer une théorie incroyablement audacieuse sur les pulsions de mort. Or ce dernier point est pour Lacan de la plus haute importance ; il accorde donc toute son attention à ce petit jeu relevé par Freud où se coordonnent pour la première fois apprentissage du langage et rapport à l'objet. Il y revient souvent dans les *Écrits* et en propose deux lectures antagonistes. Dans les deux cas de figure, la bobine est l'objet, mais d'abord, l'objet est imaginaire et s'efface au profit du pacte symbolique, tandis qu'ensuite l'objet est réel et surgit en même temps que la symbolisation s'avère nécessairement imparfaite. Ainsi, le Fort - da, lu à la lumière de la théorie du symptôme, illustre la disparation de l'objet au profit de la parole naissante, tandis qu'au contraire, appréhendée à partir de la théorie du fantasme, il exemplifie le fait du surgissement de l'objet en même temps que l'échec langagier à pleinement le saisir.

Portée

Ainsi, après avoir vu, en réutilisant la lettre volée, que l'œuvre d'art pouvait se saisir d'abord comme sens en approche, nous venons de voir la seconde lecture qu'en proposait Lacan. Répercutant la montée en puissance du fantasme au détriment du symptôme, la première envisage l'œuvre comme rébus à résoudre, la seconde comme la manifestation de l'indicible objet petit a. Holbein, en bon ambassadeur de la pensée lacanienne, ne l'annonçait-il pas déjà ?

2. La religion

Critique de l'Évangile selon Lévy-Bruhl

> « *Nul doute que l'analyste ne puisse jouer du pouvoir du symbole en l'évoquant d'une façon calculée dans les résonances sémantiques de ses propos.*
> *[…] Nous y pourrions prendre référence de ce que la tradition hindoue enseigne du* dhvani… »
>
> Fonction et champ de la parole et du langage,
> Écrits, page 294.

Idée

Afin de retrouver la puissance interprétative de la psychanalyse en son aurore, que Freud voulait scientifique, Lacan, de manière tout à fait étonnante, n'hésite pas à faire référence aux plus anciennes et éloignées sagesses humaines. En cherchant à saisir cet apparent paradoxe, nous allons de voir de quelle manière Lacan aborde, c'est-à-dire d'abord définit, la religion.

Contexte

S'il fallait ne retenir qu'un seul texte des *Écrits*, ce serait sans doute *Fonction et champ de la parole et du langage*. Texte phare, il lance pour de bon le programme de recherche lacanien ; écrit d'une densité affolante, il manie un nombre étourdissant de références. Heidegger et Lévi-Strauss y sont embarqués avec Hegel, et si le raisonnement sollicite la théorie des jeux, invention alors en pointe dans le domaine mathématique, le texte se termine par un extrait d'une Upanishad. D'ailleurs, *Fonction et champ…* ressemble beaucoup, pour les lacaniens, à ce qu'est le *Mahâbhârata* pour les Indiens : tout ne s'y trouve-t-il pas ? Mais précisément, que tout s'y trouve, n'est-ce pas en dernière instance gênant ? Qu'est-ce qu'un penseur en effet, qui se réclame de la plus moderne tradition scientifique, gagne à s'acoquiner à de vieilles, obscures, lointaines spiritualités ?

Commentaire

La citation mise en exergue s'inscrit dans un raisonnement qui met à l'honneur la mathématique ; la référence à la théorie dhvani dans ce contexte ne manque pas de surprendre. Car c'est au cœur même d'une argumentation qui accuse en somme les analystes de dégrader la pratique analytique en cure shamanique que se trouve introduit la référence hindoue ! De celle-ci en elle-même, il n'y a pas grand-chose à dire : Lacan l'introduit, la définit, l'illustre. Sa grande érudition lui permet de montrer avec finesse que la psychanalyse n'est pas la première à réfléchir à la puissance de la parole. Certes, mais conclure une critique des analystes qui abandonnent l'exigence freudienne de clarté par une Upanishad est pour le moins étonnant. On sait en effet que ces textes qui font suite aux Vedas n'usurpent pas leur réputation d'être opaques. Comment comprendre ce tour de force lacanien ? D'où lui vient donc son appétence pour les sagesses ancestrales ?

Le plus simple consiste peut-être à indiquer qu'elle est à l'envers de celle de Freud. L'inventeur de la psychanalyse, en effet, s'intéresse aux pensées anciennes… mais dans un tout autre sens. Freud croit, comme il est d'usage en son temps, en une sorte d'évolutionnisme rudimentaire. Au début du XXe siècle, les choses sont encore assez simples et les civilisations se hiérarchisent en fonction du degré technique, pour aller à l'essentiel, atteint. Le récit plaisant d'un Cook s'émerveillant de ces enfants que sont les sauvages du Pacifique, valorisant par exemple les clous comme de vrais trésors, résonne encore en Europe. La naïveté des primitifs ne fait-elle pas écho aux charmes oubliés de notre propre enfance ? Or, on sait l'importance que Freud accorde à l'enfance, ainsi s'explique son intérêt pour ces hommes, qui ne sont pas tant nos frères que les cousins éloignés des névrosés occidentaux.

Cette raison spéciale d'apprécier la mentalité primitive n'est pas du tout entérinée par Lacan : son intérêt s'explique autrement. Instruit ou peut-être plutôt conforté par Lévi-Strauss, qui dénonce superbement l'illusion archaïque, Lacan considère pour sa part que nous avons à apprendre des primitifs, non pas pour mieux comprendre ces retardés que sont nos névrosés, mais pour nous alléger de notre propre bêtise. Car sots, nous le sommes formidablement… Nous le sommes toujours, mais d'autant plus lorsque nous croyons pouvoir nous armer de la technique pour résoudre nos difficultés existentielles ! Lacan considère en effet depuis le tout début de sa réflexion que l'homme est l'être oublié de la nature et qu'il n'existe pas de bonne solution au malheur d'être né. En réalité, face à l'impasse de l'existence, chacun se débrouille comme il peut. L'humanité, en chaque culture, tente de répondre aux énigmes insondables de la naissance, de la mort, de la différence sexuelle… Les primitifs sont donc, en ce sens essentiel, au même niveau que nous ! Dans ces conditions, pourquoi ne pas s'instruire de leurs réponses ?

🔍 Vocabulaire

Lévy-Bruhl : Lévy-Bruhl est un scientifique français qui, au début du XXe siècle, travaille sur la pensée dite primitive. Il la qualifie de prélogique et l'aborde de manière qui nous apparaît rétrospectivement hautaine et maladroite. Rien de commun, donc, avec l'approche lacanienne, ainsi que la citation mise en exergue l'illustre : si pour ranimer l'art de l'interprétation, au cœur de la psychanalyse, ce dernier préconise tout à la fois approfondissement mathématique et inspiration hindoue, c'est qu'il est loin, lui, de sous-estimer l'importance des sagesses anciennes et des pensées lointaines.

Portée

Ainsi, Lacan s'intéresse aux spiritualités anciennes parce qu'il se méfie dudit progrès de la connaissance. Mieux encore, ces fameux primitifs dont on se moque si aisément, n'en savent-ils pas plus que nous, de garder en mémoire, ce savoir précieux que l'illusion technique fait oublier, qu'il y a quelque chose qui cloche au cœur même de l'humanité ? C'est dire donc l'intérêt de les consulter. Mais attention : son intérêt n'est pas naïf ! Si Lacan récuse leur rejet, il n'a pour lui jamais été question de vouloir les imiter pour autant.

Quand Jung rivalise avec Böhme

> *Si l'inconscient peut être l'objet d'une lecture dont se sont éclairés tant de thèmes [...] religieux, [...], ce n'est pas qu'il apporte à leur genèse le chaînon intermédiaire d'une sorte de significativité de la nature dans l'homme, voire d'une* signatura rerum *plus universelle*

La psychanalyse et son enseignement,
Écrits, page 444.

Idée

Si c'est faire une première erreur que de repousser des modalités de pensées anciennes, c'est en faire une seconde que de vouloir y retourner. La pensée dite primitive n'est pas à répudier, elle n'est pas non plus à épouser.

Contexte

Les *Écrits* ne sont pas simples à lire ; il est donc précieux de pouvoir s'appuyer sur quelques signifiants qui donnent le sentiment de recevoir une définition univoque. C'est le cas des « *signatura rerum* », sorte de clairière sémantique dans la forêt lacanienne. On le trouve régulièrement, mais indépendamment du contexte, ce signifiant-là semble épingler et dénoncer un fourvoiement caractéristique.

Commentaire

L'expression latine « *signatura rerum* », « signes de toutes choses », est le nom d'un ouvrage de Jakob Böhme, mystique allemand né à la fin du XVIe siècle, qui sous le coup d'une illumination se lance dans une carrière qui le rapprochera dangereusement de l'hérésie. Il écrit dans un monde encore dominé par la religion et qui n'a pas connu la révolution scientifique, un monde où l'analogie règne dans le domaine du savoir. Un monde désormais pour nous étrange où la ressemblance physique entre par exemple la plante et la blessure signale la complicité secrète des essences. Mais cette expression latine est également et surtout, dans les *Écrits*, la manière dont Lacan épingle une masse de pensées disparates où des fous et des génies se mélangent, où les rêveries de la philosophie de la nature rejoignent les délires de la Renaissance dans une sorte de bouillie indigeste. Leur grand point commun ? La nature parlerait à l'homme, qui ne s'en trouve donc pas définitivement coupé ; tout au contraire, il suffirait de tendre l'oreille, de décrypter son message, pour pouvoir s'y ressourcer, y retourner et en être apaisé. Autour des *signatura rerum* gravite donc une nébuleuse de réflexions où l'homme feint d'oublier qu'il fait tache dans le monde.

Mais pourquoi Lacan s'y oppose-t-il si frontalement ?

Il y revient parce que ces anciennes rêveries refleurissent à son époque dans le champ de la psychanalyse elle-même, sous la plume d'un Jung égaré. Lui ne hausse pas les épaules devant les sagesses immémoriales, il s'y vautre au contraire et se faire fort de les prolonger ! C'est là du moins la critique que lui adresse régulièrement Lacan : à ses yeux Jung rivalise avec Böhme ! Cette attaque prend tout son poids d'être équilibrée par sa jumelle : c'est le même Lacan qui dénonce les méfaits du scientisme et les délires d'une philosophie de la nature. La première critique, nous l'avons rapidement abordée, comment attraper quelque chose de la seconde ? Qu'est-ce que Lacan reproche ainsi à Jung ? Répondons simplement. Si d'aucuns se trompent de croire que les primitifs n'ont rien compris, l'erreur inverse est de supposer au contraire qu'ils ont… trouvé la réponse. Qu'est-ce que cela veut dire ?

Le raisonnement semble être le suivant : la révolution scientifique, en survenant, a bouleversé le rapport au monde. L'homme s'est alors dressé dans son étrangeté ontologique. La nature s'est faite silencieuse d'un coup, elle qui chantait à tue-tête… et c'est là que l'homme, de la voix douloureuse du symptôme, s'est fait entendre ! La science, en apparaissant, a dévoilé d'abord que le monde était soumis à des régularités insoupçonnées… par ricochet, elle a souligné la spécificité humaine. Nous, nous ne sommes pas dans le monde au même titre que les choses… Les existentialistes soutiennent que nous y sommes jetés. N'est-ce pas pire en réalité, n'en sommes-nous pas plutôt expulsés ? C'est en tout cas la thèse lacanienne : Freud, à ses yeux, capture pour la première fois de manière satisfaisante le fait que l'homme se situe entre deux plaques tectoniques, qu'il est écartelé de manière constitutive et définitive. Hélas, l'homme n'est pas un. C'est donc rêver les yeux ouverts que de croire pouvoir le réintégrer au sein d'une nature accueillante. Et c'est précisément là la folie de toutes les pensées que Lacan ramasse sous l'expression de *Signatura rerum*.

🔎 Vocabulaire

Le sujet divisé : La série américaine *Star Trek* est mondialement célèbre ; il y a mille et une choses passionnantes à en dire. Quand, par exemple, la série apparaît, les effets spéciaux sont encore rudimentaires. Il est strictement impossible de montrer à l'écran une navette sortir de l'*Enterprise*, le vaisseau spatial. Cette impuissance visuelle se trouve alors métamorphosée en idée de génie : les aventuriers ne descendront pas sur les mondes inexplorés par l'intermédiaire de vulgaires astronefs, ils y seront directement… téléportés. Mais le si célèbre « Energize ! » n'est pas l'élément le plus marquant de cette série. Elle est fameuse pour Spock, mi-homme et mi-vulcain. En raison de ce double lignage, logique d'un côté et amour de l'autre, il s'avère le plus attachant de tous les personnages de la série. Son supérieur, le capitaine Kirk tue les monstres et embrasse les filles, tout en ayant épousé son vaisseau ; il est formidable, mais sans failles et donc sans relief. Spock, pas entièrement humain, l'est bien plus que les autres, parce qu'il est tout simplement le seul à être déchiré. Quand l'acteur qui l'incarna, trois petites saisons de 1966 à 1969, décéda en 2015, le monde entier s'en émut. C'est qu'avec Spock l'extraterrestre, la science-fiction venait de s'enrichir d'un nouveau héros, incarnation atypique mais très fine de ce qu'est un homme.

Portée

Le précieux de la pensée dite primitive n'est pas qu'elle aurait trouvé la solution au malaise inhérent à l'existence humaine, mais qu'elle se trouve, comme la nôtre, confrontée aux mêmes difficultés. Lacan répudie donc tout à la fois ceux qui la dénigrent et ceux qui la survalorisent. Se dresse alors devant lui l'énigme suivante, logique et déroutante : pourquoi donc la sagesse ancienne nous apparaît-elle maintenant à ce point étrangère ?

Les planètes ne parlent plus !

> *Notre culture fait exception, depuis qu'elle a consenti, très tard, à prendre au pied de la lettre la position judéo-chrétienne.*

Séminaire III, page 78.

Idée

Comme d'habitude, la position lacanienne est subtile ; il ne méconnaît ni n'idolâtre la pensée primitive. C'est qu'il considère qu'avec l'émergence de la science moderne, une page se tourne. Pourquoi ne pas parler alors de révélation scientifique ? Cette expression a en effet l'avantage de pointer l'étrange connexion que Lacan tisse entre science et religion, entre mathématique éternelle et divinité créatrice.

Contexte

Le *Séminaire III* est un des tout premiers et pourtant il repose déjà sur une relance que Lacan opère à partir de ses propres acquis antérieurs. Le deuxième a bâti le schéma L, très efficace pour rendre compte des névroses, mais tout à fait insuffisant, en revanche, en ce qui concerne les psychoses. La théorie de la parole pleine qu'il développe ne s'applique en effet aucunement aux phénomènes hallucinatoires. Qu'à cela ne tienne, Lacan la reprend et la complexifie. Ce faisant, il commence d'introduire le nom du père. Occasion lui est alors donnée de parler de Dieu, et de la manière dont science et religion s'articulent ensemble.

Commentaire

Cette citation, à l'évidence, demande à être dépliée. Lacan y concentre deux affirmations, distinctes et étonnantes. La première affirme la spécificité de la civilisation occidentale. C'est une vieille tradition européenne que d'insister ainsi sur ce qui fait l'originalité irréductible de notre aire culturelle, toutefois elle surprend dans la bouche de Lacan, compagnon de route de Lévi-Strauss, qui lui, entreprend frontalement de s'y opposer. Le préjugé ethnocentriste, que Freud partageait, on ne s'attendait pas à le retrouver sous la plume de Lacan… Faut-il l'imaginer croire, avec Heidegger, que l'être ne s'entend qu'à ceux qui pensent en grec et parlent en allemand ? Le structuralisme est censé pourtant nous avoir désencombré de cette illusion. Ainsi, la première chose qui nous surprend, dans cette affirmation, est que Lacan dise en somme la même chose que la plupart des grands penseurs qui l'ont précédé et ne soit pas, sur ce point, sur la même ligne que Lévi-Strauss et Jakobson. Il affirme que notre culture fait exception, il sait bien par ailleurs qu'elles font toutes exception, alors pourquoi l'affirme-t-il quand même ?

La deuxième chose qu'il affirme concerne notre tradition judéo-chrétienne. Lacan soutient qu'il a fallu un certain temps pour la prendre au sérieux. Là encore l'affirmation est surprenante, quand l'Europe s'identifiait à la Chrétienté, la position judéo-chrétienne n'était-elle pas plus nettement affirmée qu'aujourd'hui ? Mais, d'ailleurs, qu'est-ce donc que la tradition judéo-chrétienne et pourquoi Lacan considère-t-il que nous y sommes venus, en réalité, bien tardivement ?

Sans doute parce qu'avec l'apparition du Dieu tout-puissant, une nouvelle conception du monde voit le jour. Une divinité éternelle qui crée le monde, les Grecs n'en avaient pas l'idée… ces Grecs que nous admirons tant, ils ne vivaient pas dans ce monde-là. Très bien, mais cette idée originale de création, en quel sens aurions-nous mis un certain temps à la prendre au sérieux ? Et en quoi cela serait-il la cause de notre extraordinaire exception au sein d'un univers culturel, tissé par ailleurs, de différences ?

En fait, aux yeux de Lacan, le créationnisme ne s'impose pour de bon… qu'avec l'avènement de la révolution scientifique ! Autrement dit, il faut attendre le XVIIe siècle pour que la position judéo-chrétienne ne s'installe véritablement en Occident. On comprend maintenant pourquoi Lacan dit qu'il fallut attendre un certain temps, mais l'on comprend moins comment il associe ainsi, de manière apparemment paradoxale, religion et science.

Pourtant, sa thèse est aussi simple que convaincante : il n'y a que la science à prendre au sérieux le créationnisme, en cela qu'elle postule, elle, l'existence de lois éternelles. Dieu a créé le monde… une bonne fois pour toutes. Cette lecture a pour elle l'histoire même de l'avènement de la science, qui au XVIIe siècle, s'appuie ouvertement sur l'existence de Dieu. L'abjuration de Galilée ne doit pas faire oublier que le livre sacrilège… il en avait commencé la rédaction à la demande du pape lui-même, et que l'Église a hésité avant d'en interdire la publication. Sans Dieu, sans divinité organisatrice toute-puissante, la science telle que nous la connaissons n'aurait pas pu prendre son essor. L'invisible éternité des lois qui régissent l'univers s'accroche en effet à celle d'un Dieu immuable. On peut donc dire d'une certaine manière que le créationnisme tout droit sorti des eaux de la religion juive s'avère être la condition de possibilité de la science que nous connaissons.

Lacan ne prétend pas répondre à la question de savoir pourquoi cette mutation d'ampleur se réalise au XVIIe siècle ; il la constate, et c'est à partir de là, comme la citation mise en exergue l'indique, que notre culture se sépare alors de toutes les autres, devenant unique. Si notre culture fait exception, c'est donc d'être la seule scientifique.

🔎 Vocabulaire

La loi : La polysémie d'un terme est toujours précieuse, utile et instructive. En français, mais pas seulement, le terme de « loi » désigne étrangement deux choses apparemment distinctes. Ne renvoie-t-il pas tout à la fois aux équations mathématiques qui régissent depuis toujours le comportement des phénomènes et aux textes que les hommes se choisissent de réécrire pour vivre ensemble ? Mais ce double sens s'éclaire si l'on songe au rôle fondateur que Dieu joue à l'orée de la science. Comme l'annonce Descartes, n'édicte-t-il pas les lois de la nature comme un roi en son royaume ? La polysémie de la loi illustre ainsi la féconde alliance inaugurale de la croyance en Dieu et de l'investigation rationnelle.

Portée

Si historiquement la solidarité de la science et de la religion, sous l'égide d'un Dieu créateur, ne fait aucun doute, il semblerait néanmoins que cette articulation se soit brouillée rapidement. Mais il n'en est rien en fait, le fourvoiement religieux est tenace et ce n'est pas la science qui nous permettra de nous en émanciper, mais bien la psychanalyse.

Ce que croire en Dieu veut dire

> *Pour nous, sur ce point délicat [des rapports entre science et religion], où certains entendraient nous prémunir de la neutralité analytique, nous faisons prévaloir ce principe que d'être l'ami de tout le monde ne suffit pas à préserver la place d'où l'on a à opérer.*

La science et la vérité,
Écrits, page 872.

Idée

On pourrait croire que l'avènement de la science, qui mathématise tout, place la religion et la psychanalyse dans le même camp, puisque l'une et l'autre en qualifient de spécial la place de l'homme dans le monde. Il n'en est rien : religion et psychanalyse ne font pas bon ménage.

Contexte

La science et la vérité est sans doute un des textes des *Écrits* qui illustre de la manière la plus immanquable le style de Lacan. Confronté à un problème de brûlante actualité, il s'empare de l'ancien Aristote, non pour le commenter, mais pour exploiter à sa guise l'armature du raisonnement philosophique ; il réinvestit ainsi sans ménagements la vénérable pensée du Stagirite afin de faire apparaître, avec netteté, ses propres distinctions originales et contemporaines. Lacan procède toujours ainsi : il rhabille, fait du neuf avec de l'ancien, innove en recyclant.

Commentaire

Lacan, dans *La science et la vérité* joue avec la quadruple cause aristotélicienne pour exposer et relancer sa propre analyse des rapports complexes entre science et psychanalyse. Les quatre causes du philosophe sont sollicitées pour coordonner quatre disciplines parentes : la magie, la psychanalyse, la science et la religion. Lacan y lit en effet quatre manières différentes de saisir les rapports entre savoir et vérité, distinction elle aussi majeure, et tout aussi délicate à résumer que celle des relations entre science et psychanalyse. Disons, pour aller à l'essentiel, que le savoir qui ne concerne personne en particulier se transmet à tous, tandis que la vérité concerne intimement l'être. À supposer bien sûr, comme le fait Lacan, et tous ceux qui comme lui la prennent au sérieux pour en dire quelque chose d'intéressant, que la magie existe pour celui qui y croit et qu'à ce titre elle n'est pas sans effet, elle apparaît alors comme absolument antagoniste à la science. La magie suppose un savoir dissimulé, un acteur qui paie de sa personne, n'est pas sans conséquence intime. Qui, sans avoir un pressant problème personnel, aurait l'idée d'avoir recours à la magie ? À l'évidence, tout cela s'oppose à l'investigation scientifique, où le chercheur disparaît derrière ce qu'il met en place, ne s'adresse à personne en particulier de par l'intermédiaire d'une communication entièrement publique. En la matière, et de manière strictement opposée à la magie, le savoir est transparent, l'incidence personnelle nulle. Cette opposition, Lacan la résume plaisamment en distinguant magie qui opère par cause efficiente et science qui se place, elle, sous l'égide d'une cause formelle. Formelle, ici, n'a donc rien à voir avec son sens aristotélicien, mais désigne à l'inverse le pur affichage de façade. Dire que la science s'occupe formellement de la vérité, dans cet autre sens, revient à dire qu'elle s'en moque éperdument. La psychanalyse, pour sa part, sera dite renvoyer à la cause matérielle, à la matérialité du signifiant bien sûr. À la religion reste donc la cause finale. Lacan signifie par là qu'elle la reporte à la fin des temps. Elle finira bien par éclater au grand jour, la vérité se meut dans une perspective eschatologique. C'est peu dire alors que l'homme ne maîtrise pas le calendrier de son avènement. Mais c'est que c'est là, précisément, la spécificité de la religion que de disjoindre le rapport entre la vérité et le savoir. Tandis que la science fait tomber le premier et ne s'intéresse qu'au second, la religion ne méconnaît pas le fait que le sujet est intéressé par l'intime question de savoir ce qu'il en est de son être, elle ne rejette pas le vrai… elle en déshérite néanmoins l'homme, le plaçant tout entier dans les mains de Dieu. Elle réalise donc un nouvel équilibre entre savoir et vérité ; pour elle, le savoir n'est ni secret ni universel, il se révèle impuissant, incapable qu'il est de conduire au salut. En matière religieuse, le savoir seul n'apporte pas la révélation. La comparaison avec la psychanalyse se fait d'elle-même. Car si c'est faire une erreur, en effet, que de les confondre, c'en est faire une autre que de les désolidariser.

Dissociée ainsi de la science et de la religion, la psychanalyse, si elle veut encore mieux se définir, n'a plus alors qu'à se comparer à la magie, dont l'efficience repose sur un savoir dont le grand secret, à bien y réfléchir, n'est jamais percé. Autrement dit, si la psychanalyse ne veut pas rester une pratique magique, elle doit, au-delà de l'initiation qui instruit de la marche à suivre pour produire un certain nombre d'effets, réussir à en percer les ressorts mystérieux. Lacan retrouve ainsi, par ce sentier particulier, son ambition permanente de rendre raison de la découverte freudienne.

Vocabulaire

La religion : Il y a plus d'une manière de définir la religion. La plus usuelle associe sagesses anciennes et croyances contemporaines, et en repère l'apparition avec les premières inhumations intentionnelles. La religion éternelle qu'est l'hindouisme ne nous fait-elle pas passer de l'une à l'autre ? Lacan opte pour une autre approche, tranchée. Lui nomme religion toute organisation sociale qui opère une lâche scission entre un savoir répudié et une vérité envolée. Elle abandonne donc l'homme à son impuissance, fortifie sa culpabilité, décourage sa pensée.

Portée

Au terme de cette analyse, nous voyons donc Lacan se doter d'une définition originale de la religion. Il la distingue des sagesses anciennes en en repérant la connexion secrète d'avec la science. Celle-ci évacue la question de la vérité et ne s'intéresse qu'au savoir, celle-là reconnaît bien leur différence mais exagère leur divorce, le rendant injustement éternel. Ainsi, pour le psychanalyste, le sentiment religieux proprement dit n'apparaît que lorsque la figure du père se fait tout à la fois immense et impuissante. Là est la ligne de démarcation conceptuelle entre spiritualité ancienne et religion contemporaine. Croire en Dieu, aujourd'hui est-ce encore un épatant acte de foi… ou bien une formidable dénégation de l'impuissance paternelle ?

3. Malaise dans le symbolique

Le propre de l'homme

> *La fonction symbolique n'est pas nouvelle en tant que fonction, elle a des amorces ailleurs que dans l'ordre humain, mais il ne s'agit que d'amorces. L'ordre humain se caractérise par ceci, que la fonction symbolique intervient à tous les moments et à tous les degrés de son existence.*

Séminaire II, page 41.

Idée

Après avoir traité de l'art et de la religion, Lacan s'intéresse à la question, plus générale encore, de la civilisation. Ce faisant, il renouvelle l'analyse freudienne d'un inhérent malaise dans la culture, en examinant le rapport de l'être humain à sa propre langue.

Contexte

Le *Séminaire II* s'attaque tout d'abord à une relecture de certains textes freudiens, cruciaux pour saisir la trajectoire intellectuelle de l'inventeur de la psychanalyse. Ce travail de longue haleine, qui culminera avec la reprise du rêve de l'injonction faite à Irma, débute par l'affirmation que l'homme vit dans un monde symbolique.

Commentaire

Il y a une manière simple de présenter Descartes, c'est de dire qu'en tout point il s'oppose à Aristote. Cette introduction connaît toutefois quelques remarquables exceptions, à commencer par la spécificité que chacun de ses deux penseurs reconnaît à l'homme d'être parlant. Il ne faut pas croire qu'il n'y a là rien que de très normal. Qu'il suffise pour s'en convaincre de rappeler que les étoiles sont vivantes pour le premier et les animaux de vulgaires machines pour le second. Que les deux s'accordent à faire de l'homme l'unique être parlant est donc plus étonnant qu'il pourrait y paraître. Lacan, lorsqu'il aborde la question du rapport de l'homme à la langue, ne l'ignore pas. Ce n'est pas en affirmant, après d'autres, que seul l'homme parle qu'il innovera. Si révolution il y a là, ce ne peut être que dans la définition renouvelée qu'il apportera aux concepts de langage et de parole. Pour Lacan aussi, seul l'homme parle… Mais qu'entend-il, lui, par là ?

Dans la citation rappelée, il parle de la fonction symbolique et ne recule pas à y voir des amorces dans le monde animal. À supposer que la fonction symbolique renvoie à la parole, voilà qui n'est pas si fréquent. En effet, la plupart des penseurs isole l'homme, d'autres le ramènent à l'animal, mais penser une liaison n'est pas l'option la plus fréquente. Mais est-ce bien le cas ? Qu'entend Lacan par fonction symbolique et pourquoi y voit-il des amorces dans le monde animal ? La question se pose parce que Lacan est impitoyable avec ceux qui croient retrouver dans le règne animal la structure langagière, comme l'indique sa féroce critique, page 273 des *Écrits*, d'un certain Massermann, qui a bêtement cru pouvoir reproduire la névrose « ex-pé-ri-men-ta-le-ment ». Alors, comment fait-il pour d'une part distinguer résolument l'homme et d'autre part ne pas reculer à voir dans le champ animal quelque chose qui se rapproche, qui rappelle, qui préfigure le langage humain ?

Le terme de « symbole » permet peut-être de répondre à cette question. Il serait invraisemblable que Lacan considère que les animaux usent de signes, mais qu'ils aient de rudimentaires symboles, pourquoi pas ? Qu'est-ce qu'un symbole en effet ? Étymologiquement il est ce qui rassemble, il permet la reconnaissance. Ainsi, Égée cache son fils loin d'une Athènes jalouse et comploteuse, tout en prenant soin de dissimuler sous une pierre que lui seul pourra soulever des sandales et une épée, symboles de sa royale filiation. Thésée, armé de ses symboles, se fera près de vingt plus tard, aisément reconnaître de ce père qu'il n'avait jamais vu. Le symbole réunit ; or il existe dans le champ animal des comportements particuliers qui font tout à fait penser à cet usage du symbole. Lacan apprécie l'exemple de ces animaux vivant en bande et qui se passent, célébrant par là la communauté de leur groupe, des poissons qu'autrement ils dévorent isolément. C'est là, très certainement, qu'il voit l'amorce de la fonction symbolique dans le domaine animal. Parler d'amorce symbolique signifie, bien évidemment, qu'en retour le monde humain s'en trouve pour sa part saturé. Faut-il démontrer ce fait que le monde humain se trouve tissé de paroles ? Sans doute. Mais il faut encore en prouver un autre, antérieur, et peut-être plus délicat : à savoir que le symbole pourrait apparaître comme l'intermédiaire entre la communication animale et la parole humaine, entre l'instinct et le signe. La chose n'est pas évidente. Peut-être pouvons-nous en envisager la solution à partir de son étymologie. Si le symbole rassemble d'être lui-même objet coupé en deux morceaux, n'est-il pas également intermédiaire entre le monde animal et le monde humain d'avoir un pied dans la nature et un autre dans la culture ? Le symbole d'un côté procède de la nature, de l'autre de l'ingéniosité humaine. Il n'est pas encore signe sophistiqué, de n'être pas tout entier tombé dans le champ de l'humain, mais il n'est déjà plus simple trace, d'être plus que ce qu'il donne à voir… Le symbole, objet brisé en deux permettant par là de faire jonction, n'est-il pas également, à un autre niveau, intermédiaire entre deux réalités distinctes ?

🔍 Vocabulaire

Von Frish : Le travail de Von Frish sur les abeilles est une démonstration merveilleuse de la validité de la thèse de Lacan ; le scientifique illustre en effet de la manière la plus impeccable qui soit le hiatus qui sépare les animaux des hommes. Celui-ci a prouvé que les abeilles communiquent entre elles : elles dansent et transmettent par là direction et distance. Or, cette communication animale a ceci de remarquable qu'elle illustre par ricochet la spécificité du langage humain, qui fonctionne pour sa part sur le registre de l'humour, de la tromperie et de l'invention. Von Frich a prouvé que l'ingéniosité saisissante de leur moyen de communication n'est rien comparée à l'outil qu'est le langage, infiniment plus souple et ouvert. Ainsi, s'il y a bien quelque chose que Von Frish a montré, malgré lui, c'est que les abeilles… ne parlent pas !

Portée

Si par fonction symbolique, Lacan entend tout d'abord, dans un sens minimum, capacité de s'extraire de l'immédiateté afin de faire jaillir un sens nouveau, alors n'est-il pas évident que la fonction symbolique se déploie pleinement dans l'activité langagière humaine ? Autrement dit, si les animaux ne parlent pas… c'est bien parce que nous savons toujours ce qu'ils disent.

L'originalité psychanalytique

> *Pourtant la structure propre au monde humain, en tant que comportant l'existence d'objets indépendants du champ actuel des tendances, avec la double possibilité d'usage symbolique et d'usage instrumental, apparaît chez l'homme dès les premières phases du développement. Comment en concevoir la genèse psychologique ?*
>
> Propos sur la causalité psychique,
> Écrits, page 184.

Idée

La citation antérieure exposait la manière dont Lacan reprenait à Lévi-Strauss l'idée que l'homme baigne dans un univers symbolique ; celle-ci pointe leur grande différence. Tandis que l'anthropologue se contente d'un constat, le psychanalyste s'interroge. Les hommes disposent du langage… mais pourquoi parlent-ils donc ?

Contexte

Dans les *Propos sur la causalité psychique*, l'entreprise de refonder la psychanalyse s'appuie le concept majeur d'imago, articulé au stade du miroir, sa grande clef théorique d'alors. C'est à partir de ce dernier que Lacan entend résoudre toutes les difficultés qui se présentent à lui, à commencer par les questions les plus importantes.

Commentaire

Lacan, dans cette citation, commence par conjoindre deux des caractéristiques les plus marquantes de la spécificité humaine : le langage et la technique. Il peut se permettre de les relier ainsi, en raison de l'importance qu'il accorde à la fonction symbolique. En effet, outil et mot apparaissent comme les deux versants d'une même extraction de l'environnement naturel. Ils sont l'un et l'autre de purs artifices. La chose est peut-être plus évidente pour le mot, parce que le son qu'il faut prononcer pour le dire n'a pas de lien avec la réalité qu'il décrit ; elle l'est sans doute moins pour l'outil, qui apparaît par définition fait pour quelque chose de précis. Mais il suffit de n'avoir pas sous la main celui qui convient pour se rappeler le sens du mot « bricolage ». À savoir la capacité de détourner de son usage naturel un objet pour le contraindre à servir aux fins que nous lui imposons. Ainsi, l'intelligence instrumentale symbolise au même titre que l'intelligence langagière : les deux se meuvent dans un ordre distinct de celui qui se trouve donné dans la nature. Des outils et des mots, voilà donc ce qui caractérise l'homme.

Toutefois, Lacan, dans la citation choisie, ne se contente pas de le rappeler à la manière des ethnologues. Il associe à ce fait culturel une question très particulière, ce qui va colorer de manière tout à fait spéciale son approche générale, et partagée, de l'homme comme disposant seule de la fonction symbolique. Lacan ne s'arrête pas à remarquer que l'homme se singularise en faisant entendre des discours, en s'inventant des objets… Il en questionne la genèse psychologique, autrement dit il se demande pourquoi il en est ainsi. Pourquoi l'homme parle-t-il ?

La question pourrait sembler naturelle ; elle ne l'est pas. Dans les statuts de la société de linguistique de Paris de 1866, l'article premier annonce qu'elle se consacre à l'étude des langues, le second qu'elle n'admet aucune communication sur l'origine du langage. Cette question ne l'intéresse pas ; le langage est là, la linguistique l'étudie, elle ne se perd pas en conjectures sur l'avènement de la langue, sur la manière dont les hommes ont appris à parler. Il faut dire que la philosophie, qui au siècle précédent ne s'en était pas privée, a offert un florilège de récits hypothétiques plus fantaisistes les uns que les autres. Condillac, entre autres, en offre un exemple remarquable, et manifeste, au-delà de l'ingéniosité de sa construction, l'apparente impossibilité de rompre le cercle vicieux qui fait que la langue la suppose. Que montre-t-il en effet dans son *Essai sur l'origine des connaissances humaines*, si ce n'est que nous sommes intelligents parce que nous parlons… et parlons parce que nous sommes intelligents ? Les linguistes, plus avisés, ne se poseront donc plus, pendant longtemps, la question de savoir comment nous apprenons à parler.

L'anthropologie y réussit-elle mieux ? À lire Leroi-Gourhan, on pourrait le croire. Après tout, la station debout libère et la main et le larynx, ouvrant la possibilité au développement langagier et technique. Mais condition n'est pas encore cause : le raisonnement du préhistorien est séduisant, il n'explique pas pourquoi l'homme se serait mis à parler, et comment cette révolution se serait produite. Lévi-Strauss d'ailleurs ne s'y intéresse guère. Dans le droit fil du structuralisme linguistique, qui constate l'existence d'une structure antérieure au sujet parlant, il constate l'existence de lois antérieures à toute naissance particulière. Godelier lui en fera l'amer reproche : sa théorisation reste impuissance à saisir l'acte de naissance d'une société nouvelle. D'autres l'avaient fait avant lui : le structuralisme suppose une certaine éternité que d'aucuns ont taxée d'immobilisme.

Quand Lacan se pose donc la question de savoir ce qui fait, concrètement, que l'être humain apprend à parler, il ose s'aventurer dans un champ dangereux. On en voit les traces dans les questions qu'il pose parfois, se demandant par exemple à partir de combien de mots le langage proprement dit apparaît… Pour beaucoup, la question qu'il pose reste sans intérêt, parce que sans réponse. Lui entend bien au contraire y répondre. La psychanalyse s'écarte ainsi de ses consœurs linguistique et anthropologique, en ressuscitant une question d'essence philosophique.

> ### 🔎 Vocabulaire
>
> **L'origine du langage** : À qui veut se faire une idée des belles rêveries que la pensée a enfantées en s'interrogeant sur la question de savoir pourquoi l'homme parle, *L'Essai sur l'origine des langues* s'impose incontestablement. Rousseau y conte l'histoire merveilleuse des premiers mots inventés. Quoiqu'il commence par indiquer, avec les meilleurs arguments du monde, l'apparente impossibilité à remonter en deçà du langage, le philosophe ne résiste pas au plaisir d'en inventer l'histoire ; elle est tout à fait fausse, mais absolument superbe.

Portée

Lacan n'hésite donc pas à faire sienne l'idée d'un ordre symbolique tout en le pliant à sa propre problématique. C'est la genèse psychologique de la parole qu'il recherche. Il ne peut pourtant ignorer les risques qu'il encourt alors. Comment fait-il donc pour se prémunir contre les dangers inhérents à toute recherche sur l'origine du langage ? Et que découvre-t-il ?

Le mot de passe

> À l'origine, avant le langage, le désir n'existe que sur le seul plan de la relation imaginaire du stade spéculaire, projeté, aliéné dans l'autre. La tendance qu'il provoque est alors dépourvue d'issue. […]
> Mais Dieu merci, le sujet est dans le monde du symbole.
>
> *Séminaire I*, page 193.

Idée

Lacan reprend à Lévi-Strauss l'idée de l'ordre symbolique mais lui impose une question très particulière. Pourquoi la fonction symbolique explose-t-elle en l'homme ? Sa première réponse est simple : nous avons d'abord appris à parler afin de ne pas succomber à la blessure de naître.

Contexte

Le premier tome qui ouvre le Séminaire de Lacan contient de belles pépites ; c'est là qu'on y trouve par exemple à la page 181 le mémorable « si vous croyez avoir compris, vous avez sûrement tort ». Phrase qui ne veut pas tant dire que Lacan se moque de son public qu'il le prévient, à sa manière, de ses propres hésitations qui se cachent derrière son assurance affichée. Une fois que l'on a compris, en effet, le sens se fige… Lacan, dès le premier *Séminaire*, nous montre qu'il compte bien se battre contre cette mortifère illusion. Cette phrase est donc une sentence qui mériterait bien d'être mise au fronton de la formidable série qui s'initie. Lacan y prévient son auditoire que tout ce qu'il dira sera sujet à remédiation.

Commentaire

La théorie du stade du miroir est élaborée, entre autres, pour répondre à la grande question de savoir pourquoi l'homme s'avère être le seul être parlant. Alors, quelle réponse apporte-t-il? Une de ses toutes premières théorisations y répond simplement. Dans sa formulation inaugurale, le stade du miroir se trouve encadré par le complexe du sevrage, inévitable mais mortifère et l'émergence féconde mais tardive de la figure paternelle. Toutefois, Lacan, très vite, extrait de cette histoire en trois temps rédigée dans *Les Complexes familiaux* le stade du miroir en tant que tel pour lui faire jouer un plus grand rôle. Le fait de la prématuration physiologique est maintenu mais ne débouche plus sur un complexe, c'est-à-dire la rémanence d'un rapport au monde désormais caduc, mais sur l'usage inattendu du pouvoir de l'imaginaire. Dans les *Propos sur la causalité psychique*, Lacan insiste longuement sur l'éthologie animale, celle-ci nous indique en effet à quel point, pour les vivants, le pouvoir de l'image est crucial. Proie, prédateur, partenaire: l'image domine le vivant. Imago sert alors à épingler d'un mot spécifique ce pouvoir qu'à l'image de modifier la réalité. L'exemple de la pigeonne se mettant à ovuler devant sa propre image l'illustre clairement. Or, c'est là, d'abord, que la déhiscence humaine intervient et va jouer un drôle de rôle: l'homme, être mal fait, naît prématuré. Va-t-il tout simplement survivre? C'est là qu'il se voit au miroir; il ne s'y reconnaît pas, puisqu'il n'est pas encore lui-même, d'être pantin désarticulé. Il ne s'y reconnaît pas mais s'identifie à l'image face à lui. Identification hautement ambiguë, d'être tout à la fois salutaire et mortifère. Salutaire, puisqu'elle relance un phénomène d'unification corporelle réelle avorté, mais mortifère puisqu'elle revient à supposer un rival toujours en avance sur nous-même. Ainsi, Lacan pose tout d'abord un pouvoir de l'imaginaire qui, en l'homme, être mal fait, entraîne cette distorsion inattendue qu'est l'identification aliénante à sa propre image. Cette image nécessaire à mon maintien mais insupportable par ailleurs ne s'arrête évidemment pas à la vitre: le visage d'autrui l'évoque et y ramène. Le stade du miroir n'a donc pas besoin de miroir pour surgir.

On voit mal, dans ces conditions inaugurales, comment la vie humaine serait possible. Logiquement, à l'instar de ce que Hobbes décrit, ce devrait être la guerre de chacun contre tous. Ce n'est pourtant pas le cas, pourquoi ? Parce qu'il existe également, heureusement, le symbole. Voilà ce qu'énonce la citation mise en exergue. Tandis que l'image d'abord s'avère spectacle insupportable, le mot se fait lui pacte pacifiant. À l'intersubjectivité imaginaire qui jalouse se greffe l'intersubjectivité symbolique qui soigne. Si voir, c'est convoiter, alors parler, c'est partager. Cette thèse, qui articule un imaginaire qui blesse et un symbolique qui soigne, Lacan n'estime pas l'inventer, mais l'écrire à partir de ce que la cure analytique elle-même dévoile. Qu'est-ce que la psychanalyse a apporté en effet, si ce n'est la preuve du pouvoir apaisant de la parole partagée ?

🔎 Vocabulaire

Le schéma O - O' : Dans le *Séminaire I*, Lacan entreprend d'illustrer et de complexifier son stade du miroir par l'intermédiaire d'une expérience de physique amusante qu'il recycle en deux temps. Celle-ci repose sur l'utilisation d'un miroir sphérique, qui produit une image spéciale en cela qu'elle n'a pas besoin d'écran pour apparaître. Des illusions peuvent alors être exploitées, comme c'est le cas de celle du bouquet de fleurs inversé. L'on croit voir des fleurs dans un vase, alors que fleurs et vase ne sont pas au même endroit. Lacan commence par rappeler que l'illusion ne se produit qu'à condition de se situer dans un cône lumineux particulier, ce qui lui sert pour rendre compte du fait que le stade du miroir ne s'enclenche bien qu'à la condition que le sujet soit déjà inséré dans un flux de paroles. Il complexifie ensuite l'expérience en ajoutant un second miroir, classique cette fois, et qui peut osciller. Ce déplacement du second miroir, à partir duquel désormais l'observateur profite de l'illusion, illustre à merveille le pouvoir de la parole. Du fait de la prématuration, les fleurs pour l'homme ne seront jamais entièrement dans le vase, il y aura toujours des problèmes, mais nous pouvons nous réapproprier nos désirs : le pouvoir de la parole est le pouvoir de faire osciller le miroir plan. Voilà ce qu'expose le schéma O-O', le schéma où le symbolique pacifie, tandis que l'imaginaire, toujours opprime.

Portée

Seul l'homme parle, Lacan le sait et cherche à en rendre compte. N'ayant pas ce qu'il nomme les pudeurs du physiologiste, il ose voir l'importance de l'image dans le monde animal et la combine au fait de la prématuration physiologique. Nous sommes ainsi les seuls êtres embarqués dans une infinie rivalité avec nous-mêmes, qui n'offre pas d'autre issue que le mot partagé.

De Saussure à Sisyphe

> *Car il convient de méditer que ce n'est pas seulement par une assomption symbolique que la parole constitue l'être du sujet, mais que, par la loi de l'alliance, où l'ordre humain se distingue de la nature, la parole détermine, dès avant sa naissance, non seulement le statut du sujet, mais la venue au monde de son être biologique.*

Variantes de la cure type, Écrits, page 354.

Idée

Dans le *Séminaire I*, le symbolique sauve de recoudre en quelque sorte la béance organique présente dès la naissance. Est-ce là le dernier mot de l'analyse lacanienne en la matière ? Nullement. Il s'agit en réalité du premier ! Que la parole sauve ne doit pas faire oublier l'autre visage du symbolique. Il libère parfois, il contraint toujours.

Contexte

Dans *Variantes de la cure type*, Lacan commence par régler ses comptes avec ses collègues ; qu'ils ne comprennent vraiment rien à la psychanalyse s'indique déjà dans ce titre imposé. Cependant il ne se contente pas de critiquer ses adversaires, Lacan y affronte ses propres difficultés. À commencer par celle de savoir comment se termine une analyse, ce qui revient à s'interroger sur l'origine des problèmes auxquels se trouve confronté tout être humain.

Commentaire

Nous venons de voir de quelle manière Lacan associe un imaginaire qui blesse à un symbolique qui sauve. Cette affirmation s'appuie sur la puissance curative de l'interprétation, découverte inaugurale de la psychanalyse que Lacan renouvelle avec la parole pleine et illustre avec l'expérience de physique amusante déployée en deux temps dans le *Séminaire I*. Or cette combinaison inaugurale se complexifie très vite : au symbolique qui sauve, Lacan adjoint le symbolique qui tue. Il n'est pas simple de résumer en peu de mots ce bouleversement théorique de grande ampleur. La citation mise en exergue l'illustre néanmoins de manière précieuse. Elle débute par une recommandation que Lacan s'adresse à lui-même : il lui convient, à lui inventeur de la parole pleine, de méditer sur le fait que le symbolique n'est pas uniquement ce qui produit l'assomption de l'être, celle qui précisément par le contact rétablit avec l'Autre permet au reflux imaginaire symptomatique de s'interrompre au profit du pacte pacificateur. Le symbolique est autre chose encore, quelque chose de tout à fait différent, quelque chose dont il dit qu'il détermine l'homme dès avant sa naissance. L'indication a tout son poids, puisqu'elle relativise du même coup le fait de la prématuration physiologique de l'homme ; sa déhiscence organique d'où germait le symbolique perd de son importance au profit d'une loi langagière qui le dépasse et s'impose à lui. Cela, Lacan peut fort bien le formuler en s'adossant aux découvertes lévi-straussiennes des structures élémentaires de la parenté. Le symbolique se fait donc Janus : d'un côté il libère, de l'autre, il aliène. Il libère sur le registre de la parole pleine, il aliène sur le registre d'une loi qui nous précède et nous impose, dès notre naissance, notre place sur terre. Le symbolique qui nous permet de prendre la parole nous impose également un héritage dont nous n'avons rien demandé.

Lacan complexifie ainsi sa thèse princeps : le symbole qui sauve se trouve concurrencé, puis surclassé, par le signifiant qui rate. Cette percée conceptuelle de grande ampleur se dépose dans *l'Instance de la lettre*. Inversant la formule de Saussure, Lacan y écrit l'algorithme S/s par lequel il avance l'idée que le signifiant impose, sous le double registre de la métaphore et de la métonymie, sa marque au signifiant. Ces deux figures de style, dont on sait qu'il les reprend à son ami Jakobson, sont articulées ensemble de manière complexe, mais le point suivant, fort simple, suffit à notre propos : métaphore et métonymie indiquent l'une et l'autre que le mot juste n'existe plus. La parole pleine est enterrée, et avec elle l'idée d'un imaginaire qui blesse et d'un symbolique qui sauve. Comment le symbolique pourrait-il encore sauver, attendu qu'il rate désormais ? Lui qui épinglait le mal dont souffrait silencieusement le malade et par là même lui permettait d'aller mieux se voit désormais accuser d'égratigner le vivant ! Cette modification d'ampleur du symbolique se répercute fort logiquement dans le nom du père, qui soutenait l'édifice antérieur. Lacan se voit contraint dans le sillage de la révolution opérée dans *l'Instance de la lettre*, d'en barrer le sigle. Couplée à la nouvelle thèse de l'Autre de l'Autre qui n'existe pas se trouve la modification parallèle du phallus. Lui cesse d'être ce que nous désirons pour devenir ce que nous perdons... On pourrait multiplier les exemples : en fait, c'est toute la théorie lacanienne qui doit être révisée à partir du moment où le symbolique n'est plus tant ce qui sauve que ce qui blesse. La parole épinglait, canalisait, stabilisait ; voilà maintenant que le langage rate, blesse, agite ! Ainsi, pour Lacan, et contre ses amis structuralistes, il y a désormais malaise dans le symbolique.

🔍 Vocabulaire

L'assujet : Lacan, dans le *Séminaire V*, introduit l'éphémère concept d'assujet. Il le produit dans le sillage d'une affirmation tout droit tirée de sa première théorisation. Comme il l'énonce page 189, si l'enfant s'ébauche comme assujet, c'est parce qu'il n'y a pas de sujet sans signifiant qui le fonde. Toutefois à l'assujet en attente de son signifiant fondateur, succède non le sujet constitué mais le sujet... barré, le sujet abolit par le signifiant ! Le passage de l'assujet au sujet barré illustre ainsi, de manière remarquable, le bouleversement théorique que Lacan fait subir à sa propre théorie du symbolique, d'un symbolique qui sauve à un symbolique qui sauve peut-être parfois, mais qui tue d'abord toujours.

Portée

Ainsi, nous ne retrouverons pas par les mots ce que nous avons définitivement perdu en apprenant à parler. Il est impossible de tout dire, et c'est pourquoi nous n'en finissons jamais avec le langage. Le malaise dans le symbolique est inéluctable et définitif! Toutefois, cela ne veut pas dire encore que bien parler soit impossible.

4. La mode analytique

Le droit de cité

> « *Je tiens pour acquis que cette discipline [la psychanalyse] dispose dès lors, en tout concert d'esprits autorisés, d'un crédit plus que suffisant concernant son existence qualifiée.* »
>
> La psychanalyse et son enseignement,
> Écrits, page 440.

Idée

Ce n'est pas parce que Lacan se juge digne héritier de Freud que le réinventeur de la psychanalyse se meut dans le même monde que son prédécesseur. Lui arrive en effet dans un monde qui la connaît déjà.

Contexte

La psychanalyse et son enseignement est un texte publié dans le *bulletin de la société française de philosophie* en 1957, qui reprend une communication que Lacan y a faite la même année ; y est abordée la question de savoir comment transmettre ce que la psychanalyse enseigne. Comment donner, à un public philosophe, une juste idée de ce que Freud découvre ?

Commentaire

La question se pose de savoir comment traiter de la psychanalyse à un public formé à l'école de la philosophie. En effet, comme toutes les disciplines traitant de l'homme et apparaissant à la fin du XIXe siècle ou au début du XXe siècle, la psychanalyse se voit opposer toute une série de critiques de la part du monde philosophique. Après tout ce dernier jouissait auparavant d'une sorte de monopole en la matière : la nature revenait à la science, l'homme quant à lui était laissé aux religieux et aux philosophes. Or voilà que cette répartition, ancienne, est mise à mal par l'émergence de nouveaux savoirs, par les ambitieuses et prometteuses « sciences de l'homme ». La psychanalyse considère en faire partie : elle aussi à donc droit à sa série de critiques.

La manière dont Sartre, dans *L'Être et le Néant*, en 1943, critique Freud l'illustre à merveille. Sa critique pourrait tout aussi bien, peut-être même mieux d'ailleurs, s'appliquer à l'œuvre encore à venir de Lévi-Strauss. Tous les chemins qu'arpentent les nouvelles sciences de l'homme, parce qu'ils sont nouveaux et détectent des déterminismes là où la liberté était censée prévaloir, apparaissent à une certaine forme de philosophie, comme critiquables.

La psychanalyse jouit toutefois, en la matière, d'une situation quelque peu particulière. La sociologie et l'anthropologie s'émancipent de la métaphysique, Durkheim et Lévi-Strauss par exemple sont de formation philosophique, mais concentrent leurs efforts sur la société… Ils ne traitent de l'homme, de l'homme en tant que sujet, que par ricochet. D'une certaine manière, ils enrichissent la réflexion philosophique d'ouvrir la conscience individuelle à toute une série de réalités existantes mais jusqu'à présent inaperçues. Or, ce n'est pas le cas de la psychanalyse.

Elle s'intéresse exclusivement à l'homme seul, c'est-à-dire qu'elle a, bel et bien, le même objet que la philosophie. N'était-ce pas déjà le cas de la psychologie, plus ancienne que l'invention freudienne ? Sans doute, mais les philosophes ont sans doute moins à craindre d'une discipline épistémologiquement encore incertaine, qui étudie non pas tant l'âme que le cerveau. Face à une psychologie qui se cherche encore, Freud a inventé de toutes pièces une nouvelle manière d'interroger et d'interpréter l'être humain. Elle est sa création et riche de toutes une série de concepts que les philosophes vont bien avoir du mal à ignorer trop longtemps. Le refoulement, le surmoi, le symptôme… Comment la discipline qui se place encore sous le patronage du « connais-toi toi-même » pourrait-elle ignorer les découvertes psychanalytiques ?

La psychanalyse empiète sur les terres philosophiques, la chose est évidente. L'opposition a donc été vive… Or, ce que Lacan énonce dans sa conférence de 1957, est tout à fait différent, est tout à fait étonnant. À ses yeux, il est passé le temps où Sartre pouvait se contenter d'oser une critique caricaturale de l'entreprise freudienne… il n'entend même plus la défendre contre les philosophes! La psychanalyse existe, l'affaire pour Lacan est entendue! Est-ce à dire pour autant qu'il n'y ait plus rien à faire ?

🔍 Vocabulaire

Scandale: Le terme, qui étymologiquement renvoie à ce qui est susceptible de nous faire chuter, désigne ce qui choque. Or, étonnamment, rien n'est plus relatif que le scandaleux. À chaque époque son motif d'éternel scandale. Ainsi, entre autres mille exemples, le film de John Huston, *Let there be light*, décrit les traumatismes de la Seconde Guerre mondiale. En 1946, il apparaît insoutenable au gouvernement américain, qui l'avait pourtant financé et commandé. Il est donc interdit, et ne ressort que bien après, au début des années 1980, dans l'indifférence générale. On ne comprend pas pourquoi ce film a été si longtemps interdit, mais c'est qu'entre-temps, sous l'effet principalement de Freud et de la guerre du Vietnam, en bien ou en mal, le *post traumatic stress disorder* s'est imposé et au scandale d'oser se plaindre s'est substitué celui de se moquer de ceux qui souffrent. Le scandale d'un jour peut devenir banal le lendemain.

Portée

Lacan ne vit pas dans le même monde que Freud; l'inventeur de la psychanalyse s'est battu pour faire reconnaître sa découverte, Lacan hérite d'une discipline dont on ne songe plus guère à nier le droit à l'existence. Considère-t-il pour autant qu'il s'agisse d'une bonne nouvelle? Absolument pas. Si la psychanalyse a désormais droit de cité, elle se trouve néanmoins dévoyée par ceux qui ont profession de la transmettre. À un public informé, la psychanalyse n'a donc plus à être défendue contre ceux qui la critiquent, mais contre ceux qui en travestissent le sens!

Les ingénieurs de l'âme

> *Ne vous attendez pourtant à rien de trop ici, car depuis que la chose psychanalytique est devenue chose reçue et que ses servants vont chez la manucure, le ménage qu'ils font s'accommode de sacrifices au bon ton, ce qui pour les idées dont les psychanalystes n'ont jamais eu à revendre, est bien commode : les idées en solde pour tous feront le solde de ce qui manque à chacun.*

La chose freudienne, Écrits, page 420.

Idée

Il ne suffit pas qu'une discipline encore récente voit le flot des critiques se tarir tandis que le nombre des laudateurs augmenter pour s'assurer de sa vitalité. Ce sont d'autres critères qu'il convient de prendre en compte, à commencer par la qualité de la recherche. À l'aune de ce dernier, la mode analytique fait frémir.

Contexte

Lacan a plus d'une compétence : maestro de la langue, théoricien hors pair, il sait aussi être d'une redoutable verve satirique. *La chose freudienne* dont est extraite cette citation comporte à cet égard une charge d'une virulence inouïe à l'encontre des psychanalystes.

Commentaire

Freud n'a-t-il pas remporté la partie ? N'en déplaise à certains, la psychanalyse s'impose incontestablement. Certes, mais Lacan s'interroge : que ce soit bien le cas socialement ne prouve pas encore que l'exploration de l'inconscient soit encore authentique et fertile. Pour lui, c'est même tout le contraire et ses charges à l'encontre de l'IPA, l'association internationale de psychanalyse fondée par Freud et chargée de transmettre les découvertes de son fondateur, s'avèrent proprement inouïes. Que lui reproche-t-il donc ? De trahir le sens de l'expérience freudienne bien sûr, mais concrètement, qu'est-ce cela veut dire ? Lacan, dans la citation mise en exergue, parle de la manucure… Freud en vrai travailleur se relevait les manches ; cette époque ouvrière est révolue. Les analystes maintenant sont des notables, le standing comme le dit encore Lacan sert de standard. Le découvreur se salissait les mains, ses suiveurs se font soigneusement couper les ongles ; il ne faudrait pas qu'ils soient sales, il ne faudrait pas qu'ils se blessent ou (se) fassent mal. Les analystes à l'époque de Lacan ne sont donc plus des excentriques et des égarés qui s'en sortent comme ils peuvent, non ce sont des gens bien comme il faut. Le droit de cité dont la psychanalyse désormais jouit, ils en bénéficient grandement et entendent bien le préserver. S'il fallait résumer d'un mot la charge la plus violente de la critique lacanienne à l'encontre des collègues, ce serait sans doute celui de conformisme. Conformisme social et intellectuel, la psychanalyse est rentrée dans le rang. Hélas, sa victoire sociale signe sa défaite conceptuelle !

Cette trahison, Lacan l'enregistre entre autres comme l'effet de la migration d'ampleur, conséquence de la montée du nazisme et des ravages de la Seconde Guerre mondiale, qui fit traverser l'Atlantique à bon nombre d'intellectuels européens. Selon Lacan, les disciples de Freud en débarquant en Amérique n'y installent la psychanalyse qu'en en mutilant le sens originel. Lacan n'apprécie donc guère les USA, qui ignorent superbement l'histoire, ne croient qu'au *success* et prônent bêtement l'*happiness*, n'hésitant pas pour cela à développer le concept d'*human engineering*.

Cette incroyable dégradation de l'expérience analytique, il y a une manière simple et très efficace de l'illustrer : c'est celle qui consiste à relire *L'efficacité symbolique*. Ce texte de Lévi-Strauss, un de ces intellectuels ayant précisément trouvé, temporairement, refuge aux USA est remarquable pour l'explication qu'il donne de la puissance, mystérieuse à nos yeux, de la pratique shamanique. Lévi-Strauss rend compte de cette étrange efficacité en proposant l'explication suivante : la personne qui souffre n'est pas seulement malade dans son corps, elle l'est également dans son esprit de manquer de signifiant pour canaliser le signifié qui s'agite en elle. Or le shaman dispose d'un surplus en la matière, il est capable de rendre compte de la situation autrement incompréhensible : il la soigne ainsi. Il la soigne parce que l'homme souffre aussi d'être en marge de la société qui l'abrite. Les sociétés primitives l'ont gardé en mémoire mieux que nous, l'homme est être social qui, esseulé, meurt. Il ne meurt pas seulement symboliquement, mais réellement. Lévi-Strauss, preuve à l'appui, le rappelle.

Mais qu'est-ce que tout cela a à voir avec la psychanalyse ? Apparemment pas grand-chose... mais c'est pourtant Lévi-Strauss qui fait le lien. Dans son texte, en effet, il n'hésite pas à rapprocher cure shamanique et pratique analytique. Pour le génial anthropologue, Freud a retrouvé, en Occident, ce que les shamans d'autres civilisations avaient su préserver : la possibilité pour un individu égaré de retrouver la santé en s'incorporant à nouveau au groupe dont il avait été malheureusement exclu. Faut-il ajouter que, dans sa perspective, une telle lecture n'a rien de péjoratif ? *L'efficacité symbolique* est un texte dédié à un psychanalyste. Or, ce que Lévi-Strauss décrit, c'est très exactement ce que Lacan condamne ! Pour ce dernier, la psychanalyse n'est pas du tout cette discipline de conformation sociale.

🔍 Vocabulaire

L'ingénieur : L'ingénieur est un terme assez récent, le métier supposant la science telle que nous la connaissons. Mais il est en constante progression, infiltre de nombreux domaines, jusqu'au champ de la médecine où il concurrence aux USA le docteur. C'est qu'il est technicien compétent, qui intervient pour réparer les mécanismes endommagés. Il démonte ce qui est en panne, et docile à la demande qui lui est faite, vise à construire un mécanisme impeccable. C'est dire donc que s'il y a bien un métier qui s'oppose à celui d'analyste, c'est bien celui d'ingénieur. Demande et dysfonctionnement reçoivent pour eux des valeurs contraires.

Portée

Lacan s'oppose donc radicalement à la mode analytique, qu'il juge catastrophique. Il en rapproche la cause de la migration du centre de l'IPA de l'Europe à l'Amérique. Mais comment rend-il compte, au-delà du déplacement géographique, de la déviation conceptuelle des analystes ?

Un contresens averti

> *Or c'est dans la voie d'un renforcement du moi que la psychanalyse d'aujourd'hui prétend inscrire ses effets, par un contresens total sur le ressort par quoi Freud a fait rentrer l'étude du moi dans sa doctrine, à savoir à partir du narcissisme et pour y dénoncer la somme des identifications imaginaires du sujet.*

La psychanalyse et son enseignement, Écrits, page 454.

Idée

Lacan sonne la charge contre la dérive américaine de la psychanalyse, qui la déclasse en thérapie de réintégration sociale. Les psychanalystes de l'IPA lisent Freud à l'envers : ils entreprennent de maîtriser l'inconscient !

Contexte

La manière dont Lacan conçoit la mode analytique l'oblige, lors de la présentation qu'il en fait en 1957 à la société philosophique, non pas à tant à la présenter comme discipline inconnue que de l'expurger de toutes les mauvaises lectures qui en grèvent le sens.

Commentaire

Lacan a l'avantage de tenir une position claire : les disciples de Freud n'ont rien compris à sa découverte. Mais la corruption intellectuelle ne commence pas en traversant la frontière américaine, alors concrètement, que leur reproche-t-il, à ces collègues qui sont aussi, comme lui, lecteurs admiratifs de Freud ?

Lacan soutient déjà que bon nombre d'analystes ne rentrent pas dans cette catégorie. Il accuse en effet certains de n'avoir guère de respect pour Freud. Il rappelle donc d'abord que c'est Freud, et non ses commentateurs, qu'il convient de lire de près. Mais il s'agit là d'une critique radicale et minimale ; ainsi, s'il y a peut-être beaucoup d'analystes médiocres qui ne pratiquent pas Freud, cette triste ignorance leur interdit de prétendre aux plus hautes places institutionnelles… À la tête de l'IPA, il ne peut y avoir que des personnes qui se réclament de Freud, et qui se hissent ainsi aux responsabilités du haut de leur savoir démontré. Écartons donc la masse de ceux qui sont si bas qu'ils n'envisagent même pas l'idée de la grandeur, reste ceux qui ont lu Freud et qui en propose l'interprétation dominante… qui est précisément celle que Lacan abomine. En quoi consiste-t-elle donc ?

Elle est indiquée dans la citation mise en exergue : elle vise le renforcement du moi. Pour aller au plus simple, il convient à cet égard de distinguer deux choses : la cause et la raison de ce que Lacan juge être une déviance. La cause, c'est une mauvaise lecture de Freud, qui ignore la chronologie des textes. À le lire ainsi dans le désordre, la seconde topique, détachée du narcissisme qui la précède, change de sens aux yeux de Lacan. Voilà pour la cause, la raison est encore plus intéressante. Lacan n'accuse pas les lecteurs de Freud d'une étourderie ou d'une maladresse : au contraire, il considère qu'ils ont très bien saisi ce que l'inventeur de la psychanalyse dégage… et entreprennent, de l'intérieur, d'en ruiner les conséquences. Ainsi, le renforcement du moi, ne procède pas tant d'une mauvaise lecture, liée à la difficulté inhérente à l'œuvre, que d'un refus catégorique de prendre en compte le sens de la découverte freudienne. Ce sens, précisément, est limpide : la conscience s'imagine être au centre et elle se trompe. Si les freudiens s'emmêlent les pinceaux à la lecture de Freud, ce n'est pas en dernière instance parce qu'ils sont compliqués, mais parce qu'au contraire ils sont clairs. L'illusion du centre est en réalité à démolir, la vérité surgit toujours de la périphérie, la conscience n'est pas malheureuse d'être faible, elle est malheureuse d'être tout court. Le renforcement du moi, ce n'est pas une mauvaise lecture, c'est la mauvaise lecture par excellence !

Reprenons : si Freud a raison, alors avec la découverte de l'inconscient, un espace radicalement nouveau s'ouvre à l'homme. De deux choses l'une alors, soit cette nouveauté, avec ce qu'elle a d'angoissant, est assumée, soit elle est repoussée. Et quelle est la manière la plus subtile de se prémunir contre la découverte freudienne, si ce n'est celle qui consiste à s'armer du savoir établi pour croire connaître l'inconscient ? C'est là, exactement, la thèse lacanienne. Sa difficulté n'est pas d'être complexe mais vertigineuse. Car, n'est-ce pas incroyable de soutenir que face à la dangerosité qu'apporte la découverte de l'inconscient, certains décident sournoisement de s'en immuniser en… devenant analystes ? Cela paraît invraisemblable. Mais n'est-ce pas invraisemblable aussi que la pratique héritée de Freud prône désormais le renforcement du moi, c'est-à-dire non plus le travail qui consiste à entendre le symptôme et apprendre à un sujet étonné le sens de son désir qu'à prendre acte des impuissances d'un moi contrarié et l'aider à réaffirmer sur des pulsions rebelles sa domination imaginaire ?

🔍 Vocabulaire

La cause et la raison : L'histoire, telle que nous la connaissons, s'invente une première fois en Grèce antique. Après les chants mélodieux d'Homère qui content les aventures des hommes, en grande partie marionnettes des dieux, Hérodote, pour la première fois, part enquêter s'aidant, non pas de l'inspiration de la muse, mais de l'œil et de l'ouïe. Lui qui donne à son enquête le nom qui sera celui d'histoire n'en est pourtant pas l'inventeur exclusif. Car rapporter les faits ne suffit pas, il faut encore les expliquer. C'est là ce qu'ajoute en somme Thucydide, qui conte une autre guerre, et commence par en rendre compte d'une manière mémorable. À la cause du conflit qui embrassa le monde hellénique, il superpose sa véritable raison. La cause, ce n'est qu'une querelle concernant une petite cité, mais la raison, c'est la montée en puissance d'Athènes et de Sparte, ces deux régimes que tout oppose, s'agrandissant sur une carte réduite, ne pouvaient pas ne pas finir par s'opposer. Cette distinction, pour cette autre forme d'histoire qu'est la psychanalyse, n'a rien perdu de sa pertinence.

Portée

Au-delà de la mauvaise saisie de la seconde topique détachée artificiellement des travaux antérieurs qui pourtant lui donne son sens, Lacan interprète ainsi la lecture dominante en son temps de l'œuvre freudienne comme une tentative décidée d'enterrer la découverte freudienne. Alors que l'inventeur de la psychanalyse prépare son patient à une remise en cause étonnante et fertile de ses propres exigences mises à mal, ses continuateurs entérinent les réclamations d'une conscience abusée et trompeuse.

La peste éradiquée

> « ... *il ne doit point nous suffire que quelqu'un s'accuse de quelque mauvaise intention pour que nous l'assurions qu'il n'en est point coupable.* »
>
> Réponse au commentaire de Jean Hyppolite sur la « Verneinung » de Freud, Écrits, page 395.

Idée

Lacan interprète l'expansion sociale de la psychanalyse comme une trahison en bonne et due forme. Son raisonnement est solide, mais sa thèse est par trop extraordinaire. Comment la démontrer? En repérant le décalage incroyable entre les principes mêmes de la psychanalyse et la manière dont celle-ci se trouve introduite aux USA. Au premier rang desquels figure l'affirmation ici rappelée : le sentiment de culpabilité n'est pas anodin.

Contexte

Dans sa *Réponse au commentaire de Jean Hyppolite sur la « Verneinung » de Freud,* Lacan discute avec le philosophe. Leurs échanges donnent parfois l'occasion de rappels précieux parce qu'élémentaires sur ce que nous apprend la psychanalyse.

Commentaire

Nous venons de voir de quelle manière Lacan envisage ce fait qu'est la mode analytique en son temps. De manière franche, il dit la déplorer et ne mâche pas ses mots ni retient ses coups à l'encontre de ses soi-disant collègues, vrais fossoyeurs de la découverte freudienne. On croit la psychanalyse à la mode ? Elle est en réalité enterrée en grande pompe. Pauvre Freud, le voilà donc trahi ! Mais... cette critique n'est-elle pas trop énorme pour être vraie? Soutenir que la psychanalyse ne s'est mondialement diffusée, ou plutôt américanisée, qu'en se perdant elle-même, n'est-ce pas une proposition par trop invraisemblable?

Il y a une manière efficace de répondre à cette question: il suffit de s'intéresser à la manière dont la psychanalyse est présentée aux USA. C'est là précisément le thème d'un film d'Hitchcock: *Spellbound*. L'histoire est tirée d'un roman qui donne son titre à sa traduction française: *La maison du docteur Edwardes*. Il sort aux USA en 1945, met en scène Ingrid Bergman et Gregory Peck. Il conte l'histoire d'un imposteur, accusé à tort d'un crime qu'il croit lui-même avoir commis, mais dont il se révèle innocent et qui s'avère sauvé *in extremis*. L'intérêt du film est de superposer au suspens de savoir si l'imposteur qui se croit coupable l'est réellement cette autre énigme qu'est l'identité secrète du vrai meurtrier, celui-ci étant comme il se doit insoupçonnable. L'histoire gravite autour de psychanalystes, et le film est célèbre, entre autres, pour toute une série de réflexions très drôles à ce sujet. On y trouve ainsi un engageant « bonne nuit, faites de beaux rêves… nous les analyserons au petit-déjeuner », mais il y en plein d'autres. Ce film tourne tout entier autour de la psychanalyse.

Si le héros amnésique dit que pour lui Freud, ce ne sont que des histoires à dormir debout, l'analyste à qui il le dit s'emporte et le film dans lequel il joue lui montre qu'il a tort. Car le scénario de ce dernier repose sur le caractère pathogène des traumatismes de l'enfance. Il suffira donc au héros de se rappeler ce qu'il a refoulé pour cesser de se croire meurtrier. C'est bien d'ailleurs ce qu'indique le petit texte qui accueille le spectateur en ouverture du film. Nous sommes en 1945, la psychanalyse est encore chose nouvelle, elle est donc présentée. Qu'y apprend-on? Que retient-on du film? Que la psychanalyse est une science récente qui vise à recouvrer la santé psychique, en reconnectant l'esprit à ses propres souvenirs oubliés. Le film reçut un oscar, son réalisateur est plus que célèbre, *Spellbound* participe de la diffusion aux USA de la psychanalyse. Et il répond point par point à la lecture corrosive de Lacan.

En effet, ce film étonnant met en scène des médecins, qui font l'éloge de Freud, et qui refusent d'entendre un étouffant sentiment de culpabilité. Nous apprendrons ainsi à la fin, médusés, que le héros croit être le meurtrier parce qu'enfant il a tué son frère par accident ! Il lui a suffi de s'en rappeler pour que tout s'efface. La chose n'est-elle pas tout bonnement incroyable ? La scène traumatisante, visionnée par le spectateur en même temps que remémorée par le héros, ressemble plutôt à un meurtre en bonne et due forme qu'à un accident malheureux ! N'est-ce pas Freud pourtant qui détonne en affirmant, explicitement, que quiconque se sent contraint par un sentiment de culpabilité doit bien l'être, d'une certaine manière ? Affirmation que Lacan reprend tout naturellement à son compte, comme l'indique la citation mise en exergue. Le film, lui, soutient le contraire. Nous voilà donc passé, comme par magie, d'une configuration freudienne où l'on devient névrosé d'avoir voulu inconsciemment tuer son frère à cette reprise américaine où le malade cesse de l'être d'apprendre l'avoir vraiment tué par hasard ! La magie d'Hollywood a ainsi métamorphosé la cure analytique en procédé pour retrouver l'innocence perdue.

> ### 🔎 Vocabulaire
>
> **Les dentistes** : Lacan nous apprend que certains des analystes de l'IPA se comparaient eux-mêmes à des dentistes ; nous ne savons pas pourquoi, mais il n'en reste pas moins que cette dénomination, dans la perspective lacanienne, leur va à merveille. Psychanalystes et dentistes ne nous demandent-ils pas, l'un et l'autre, d'ouvrir la bouche ? Mais les seconds, ce faisant, ne le demandent gentiment que pour mieux nous empêcher de parler ! Ne savent-ils pas mieux que nous ce qui nous fait mal ? Et ce sera donc leur savoir-faire, auquel le patient n'apporte qu'une aide minimale, qui seul provoquera la guérison. Ce mal dont nous étions en rien responsable et qui nous faisait injustement souffrir, nul doute que l'analyse, dans sa version américaine, saura nous en délivrer.

Portée

Spellbound illustre ainsi à merveille la thèse lacanienne. Concluons par son ouverture extraordinaire : le film commence en effet par une citation de Shakespeare, ce qui est bien vu pour un film sur la psychanalyste, tant il est vrai que Freud appréciait le poète anglais. Et que cette citation qu'énonce-t-elle ? Qu'il est vain de chercher la faute qui nous accable dans les étoiles, qu'elle est en réalité en nous-mêmes. Mais le film montre rigoureusement le contraire ! Ce contresens saisissant entre la citation shakespearienne et l'histoire hitchcockienne achève d'illustrer l'inversion flagrante entre l'invention freudienne et sa reprise américaine.

C. Sa pratique

1. Le retour à Freud

L'agalma freudienne

> *... cette sorte de naissance, qu'est un regard nouveau qui s'ouvre sur le monde.*

La psychiatrie anglaise et la guerre, *Autres Écrits*, page 111.

Idée

Lacan fustige la mode analytique ; on ne sait à ses yeux ce qui est le pire : les analystes qui radotent ou ceux qui se piquent d'originalité. Contre cette coalition de médiocres, Lacan, esseulé, entreprend de revenir au cœur, à la source, à l'origine… à Freud. Car dans ses textes vibre encore l'inouï de sa découverte.

Contexte

La psychiatrie anglaise et la guerre est un texte initialement publié dans *L'évolution psychiatrique* en 1947 et que Jacques-Alain Miller nous offre à lire dans les *Autres Écrits*. Nous y découvrons un Lacan sous le charme de ce que la psychiatrie anglaise, influencée par la psychanalyse, a réussi à produire en période de guerre. Elle aurait selon lui grandement contribué à rien de moins que la victoire de l'Angleterre ! Il espère donc que la France, défaite, saura s'en inspirer. Si ce texte détonne initialement, il n'en reste pas moins dans la lignée de ce qu'apporte l'inventeur de la parole pleine : à ne pas s'extraire, à cause d'une position faussement hautaine, de la relation intersubjective qu'il relance certes en tant que praticien, mais dont il est d'entrée partie prenante en tant qu'être humain, l'analyste retrouve l'extraordinaire efficacité freudienne. Outre cette affirmation princeps, ce texte est riche de quelques autres affirmations remarquables, dont la citation mise en exergue donne l'exemple.

Commentaire

Entouré d'incapables et de traîtres, Lacan entend retrouver le vrai sens de la psychanalyse. Et pour ce faire, il entend revenir à Freud lui-même. Ce n'est pas parce que la chose lui apparaît évidente qu'elle ne doit pas nous questionner. Tout au contraire même, le geste lacanien doit surprendre.

À plus d'un titre.

D'abord, puisque Lacan se sent si fort pourquoi ne s'appuie-t-il pas sur la psychanalyse elle-même ? Après tout, s'il est aussi bon que son ambition le prétend, pourquoi revenir à des textes anciens plutôt que de s'orienter à partir de sa propre pratique ? Ensuite, il entreprend de revenir à Freud au nom de la science en devenir qu'est la discipline qu'il a inventée. Or, il y a là un incontestable paradoxe. La science que nous connaissons, en effet, ne progresse pas en retournant en arrière. Le « retour à Freud » n'est-il donc pas tout à la fois contradictoire et incompréhensible ? Prenons le temps de déplier cette seconde difficulté, en remettant à plus tard le travail d'aplanir la première.

Descartes, cofondateur de la science telle que nous la connaissons, rappelle toute la différence qui sépare l'histoire de la philosophie, le savoir qui végète et la vérité qui s'invente. Pourquoi ? Pourquoi un tel fossé ? Mais parce que la science apparaît elle-même en brisant la manière ancienne d'interroger le monde, et ne se réinvente périodiquement qu'en rompant avec la tradition établie. Pire encore pour Lacan, la science, dont il vante les hautes exigences épistémologiques en lançant son retour à Freud, n'apparaît qu'en s'extrayant du savoir livresque. Galilée innove, parce qu'il ose regarder le monde à partir de sa lunette, et non en relisant le corpus aristotélicien ! De manière remarquable, Claude Bernard, accomplissant dans le domaine du vivant une révolution similaire à celle que la physique connue au XVIIe siècle, affirme lui aussi qu'il est temps de quitter les rangées poussiéreuses des bibliothèques pour investir les tables d'opération des hôpitaux ! La science ne progresse-t-elle pas bien qu'en envoyant paître le savoir constitué ?

Absolument… et Lacan ne l'ignore pas ; alors comment saisir le sens du retour à Freud, d'un retour au passé au nom de l'avenir ? Il y a plus d'une réponse à cette question. La plus simple, la plus immédiate peut-être, consiste à tempérer ce qui vient d'être dit, à le nuancer en le précisant. C'est rater l'essentiel en effet que de croire trop vite que la science ne progresse bien, n'apparaît et ne réapparaît, qu'en cessant d'interroger les livres au profit d'une expérimentation directe… pour l'excellente raison que le rapport direct ici supposé n'existe tout simplement pas ! Lacan, s'appuyant sur Koyré, rappelle qu'il est infiniment plus pertinent de soutenir une autre hypothèse : la science, telle que nous la connaissons, émerge de proposer un cadre explicatif global inédit à partir duquel elle interroge la nature. Dans ces conditions, plutôt que de s'arrêter à voir dans le XVIIe siècle un accroissement considérable de connaissances, repérons qu'une nouvelle grille de lecture s'est imposée. Bref, que ce n'est pas tant le savoir qui augmente que la manière d'envisager le monde qui se modifie.

Pourquoi ne pas y lire la première raison du mystérieux retour à Freud ? Si avec lui s'opère une révolution, n'est-ce pas tout simplement parce que le premier, il envisagea de regarder l'homme différemment ? C'est du moins ce que la citation mise en exergue nous invite à penser.

> ### 🔍 Vocabulaire
>
> **Koyré**: Lacan, qui en psychiatrie ne se reconnaît comme seul maître que de Clérambault, fait de Koyré, en épistémologie, son guide. Le grand historien des sciences est justement célèbre pour avoir imposé le concept de révolution scientifique, dont il justifie l'usage pour désigner la mutation dans le champ du savoir qui s'effectue au XVIIe siècle. Contre une théorie accumulative des connaissances, il montre que l'histoire procède par coupures franches. Et contre une manière d'envisager le bond en avant réalisé au XVIIe siècle comme le fruit d'une redécouverte de la nature, conséquence supposée du primat donné aux expériences sur la tradition, il prouve avec maestria que celui-ci procède d'un changement de perspective, où la mathématique prime sur l'observation. Pour lui, la science moderne n'est donc pas tant l'enfant de Francis Bacon que la revanche de Platon. Koyré nous apprend ainsi que la science moderne ne découvre pas le réel mais l'idéalise.

Portée

Ainsi, le retour à Freud prôné par Lacan au nom de la science analytique en devenir n'est pas contradictoire. N'en doutons pas : si Freud a inventé la psychanalyse, c'est bien parce qu'il a su envisager l'homme d'une manière nouvelle… Là est le plus précieux de ce qu'il apporta, là est ce qu'il convient de préserver. Mais comment diable s'y prendre pour retrouver un regard neuf ?

L'inconscient structuré comme un langage

> Ne sont-ce pas là, en effet, les trois registres [rêves, actes manqués et mots d'esprit], objets des trois ouvrages primordiaux où Freud a découvert les lois de l'inconscient et où, si vous les lisez ou les relisez avec cette clef, vous aurez la surprise de constater que Freud, à énoncer ces lois dans leur détail, n'a fait que formuler avant la lettre celles que Ferdinand de Saussure ne devait mettre au jour que quelques années plus tard, en ouvrant le sillon de la linguistique moderne.

La psychanalyse et son enseignement,
Écrits, pages 446-447.

Idée

Si la révolution freudienne ne s'envisage correctement qu'à la lumière du tremblement de terre opéré au XVIIe siècle, c'est parce qu'elle en est la directe prolongation. En effet, Freud aperçoit le premier que le déterminisme que la physique retrouve dans l'inerte s'avère également à l'œuvre dans les choses humaines ! Que dévoilent en effet les tout premiers textes freudiens, si ce n'est l'existence de mécanismes autonomes, où les lois du langage prennent le pas sur la libre conscience ?

Contexte

La psychanalyse et son enseignement, comme tous les titres lacaniens, ne doit rien au hasard. L'ambiguïté de ce dernier est magnifique : pointe-il en effet en direction de la difficulté à mettre la main sur ce que la psychanalyse enseigne à ceux qui la pratiquent ou bien sur cet autre problème qui est de savoir comment l'enseigner à ceux qui s'y destinent ? À l'évidence, Lacan rejette l'alternative. C'est que nous n'apprenons bien que ce que nous transmettons !

Commentaire

Freud enfante une révolution en portant sur l'homme un regard neuf, mais celui-ci s'est perdu : il convient donc d'entamer un retour à l'œuvre du maître. Cependant, Lacan soutient également que l'originalité freudienne consiste à avoir appliqué au domaine de l'être humain une méthode d'investigation héritée de la science classique. Il s'agit donc de retourner à Freud… afin de poursuivre son entreprise scientifique. Voilà l'objectif, comment l'atteindre ? C'est là qu'apparaît la référence linguistique, qui se surajoute et complexifie, en première lecture, le mot d'ordre du retour à Freud. Lacan, en effet, se replonge dans l'œuvre du fondateur, délaissant les égarements des maîtres à penser de l'IPA, à l'aide des concepts de la linguistique contemporaine. Pourquoi ? Lacan n'a pas à répondre à la question de savoir pourquoi Freud n'exploite pas cette forme de linguistique particulière, puisqu'il la précède. Il doit toutefois, en revanche, se justifier d'avoir recours à pareil prisme pour relire Freud. Après tout, n'est-il pas le seul à le faire ? La question se pose en effet… à moins que ce ne soit, en réalité, l'interrogation inverse qu'il faudrait soulever ! Le geste lacanien de revigorer l'œuvre freudienne des avancées de la linguistique est-il à ce point surprenant qu'il faille s'en étonner ? Car, qu'affirme-t-elle cette linguistique que Lacan encadre des noms de Saussure et de Jakobson, qualifiés d'aurore et de culmination ? Rien d'autre, noir sur blanc, que l'existence d'un inconscient. La linguistique structurale suppose qu'il existe un ensemble de règles contraignantes, ignorées par le sujet parlant, mais qui l'assujettissent nonobstant. Autrement dit, derrière la libre parole se cache une structure contraignante. N'est-ce pas tout à fait similaire à ce que Freud lui-même avance ?

Il y a tout de même, pour l'épistémologue, une différence. Les raisonnements freudiens attendent encore leur parfaite démonstration, tandis que les hypothèses linguistiques, elles, ont d'ores et déjà fait la preuve de leur validité. Or, la psychanalyse peine encore à mériter pleinement ce nom. Quoi de plus logique alors, puisque ces deux disciplines posent l'existence de déterminismes inconscients derrière le sentiment de la libre parole, mais que l'une s'appuie sur des résultats épistémologiques plus assurés, que de s'en inspirer pour revigorer l'autre ? L'hypothèse est séduisante, mais demande encore confirmation. C'est là que prend son sens la citation mise en exergue. Lacan considère en effet qu'il suffit de relire les trois premiers grands livres freudiens pour y voir, à chaque page, le signifiant nous jouer des tours. Cette fameuse mathématisation du monde que la science moderne dévoile, et que la linguistique reprend en posant à sa manière une autonomie des signes, Lacan la retrouve donc dans les ouvrages pionniers de l'inventeur de la psychanalyse. Il n'en faut pas plus à un Lacan ravi pour voir son hypothèse de relecture confirmée. Ainsi, ce qu'a montré Freud, sans le savoir, c'est que l'inconscient joue avec le signifiant. Le retour à Freud, après l'excursion en terre linguistique, accouche dès lors d'une thèse majeure, qui est en réalité hypothèse de travail, programme de recherche, pari à remporter : l'inconscient est structuré comme un langage.

🔍 Vocabulaire

Atterrer : Lacan s'amuse, dans le *Séminaire V*, à illustrer de manière plaisante la métaphore paternelle qu'il est en train de formaliser à l'aide du verbe « atterrer ». Posons qu'il signifie initialement le fait d'être jeté à terre, il se trouve alors synonyme d'abattre. Imaginons ensuite qu'une métaphore audacieuse se saisisse de la connexion signifiante offerte de toute éternité par le moyen terme de « terre » que l'on retrouve à la fois dans *atterrer* et *terreur* pour oser user du verbe en cet autre sens d'« être en proie à la terreur ». Le terme de *terre* qui a servi alors de pont entre ces deux sens passe inaperçu en même temps qu'il change de sens. Que penser de tout cela ? Ce n'est pas en terre linguistique que ce raisonnement est plus éclairant, car la seule terre ici qui compte est la terre mère. Le signifiant qui se trouve manipulé et recyclé illustre en effet le désir de la mère, ce substrat inaugural remodelé sous l'action de la métaphore paternelle. Avant celle-ci, le sujet, en proie au désir maternel, ne peut qu'être atterré, après sa métamorphose, le sujet… atterrit de s'être inventé un rapport plus stable avec ce à quoi il a affaire.

Portée

Qu'il soit possible de relire les premiers textes freudiens en y découvrant à l'œuvre la même logique que celle qui guide l'investigation structuraliste du langage n'est pas, pour Lacan, un hasard. Les deux postulent un inconscient et travaillent ainsi dans la même direction… Est-ce à dire pour autant qu'ils se confondent ?

La passion du signifiant

> ... la perspective de l'instinct de mort, introduite par Freud au sommet de sa pensée, et dont on sait qu'elle est la pierre de touche de la médiocrité des analystes, qu'ils la rejettent ou qu'ils la défigurent.

Variantes de la cure-type,
Écrits, page 343.

Idée

Ainsi Freud innove d'oser porter un regard de scientifique sur les choses humaines, il y voit en ces domaines privilégiés que sont les lapsus, les mots d'esprit et les rêves une aveugle mécanique signifiante. Est-ce à dire pour autant que l'inconscient soit seulement maladroit, spirituel, anodin ? Absolument pas. Il renvoie également au symptôme, au fantasme, à la mort. Lacan, en posant que l'inconscient est structuré comme un langage, n'oublie donc pas de rendre compte du plus troublant de la découverte freudienne.

Contexte

Variantes de la cure-type est un titre imposé à Lacan, dont il dira qu'il le juge « abject ». N'est-ce pas exagéré ? Après tout, on croit comprendre ce qui se trouve par là visé... à savoir la permanence d'une finalité au-delà des différences notables de cas. Est-ce réellement là chose insupportable ? À s'y opposer en effet, ne risque-t-on pas de s'interdire toute définition précise et encadrante de la psychanalyse ? À ce compte, à l'abject du titre qui enferme renverrait le sordide d'une praxis lâche, refusant toute capture conceptuelle. Ce n'est évidemment pas ce que pense Lacan, qui ne ménage pas sa peine à modéliser la cure analytique. L'abject existe pourtant… il est l'autre nom de l'objet. Mais par quel tour de passe-passe l'objectivité, en psychanalyse, rate-t-elle toujours l'essentiel?

Commentaire

Le retour à Freud se saisit donc, d'abord, comme un retour à l'ambition scientifique du maître, et rien de mieux, pour se faire, que de s'aider de la grille de lecture structuraliste qui s'incarne dans la thèse princeps, mais dont le sens précis reste encore à trouver, de l'inconscient structuré comme un langage. Est-ce à dire pour autant que la découverte freudienne et les avancées linguistiques se rejoignent? Ces deux disciplines supposent une autonomie langagière… mais se confondent-elles? Absolument pas! L'inconscient que Freud dévoile joue avec le signifiant, sans se réduire à n'être que pur jeu de langage. La découverte freudienne ne s'arrête pas au spirituel mot d'esprit, à l'humoristique lapsus et au rêve anodin… elle s'étend également, et c'est là son cœur palpitant, au symptôme douloureux, au Janus fantasmatique qui nous enlève d'une main ce qu'il nous offre de l'autre. Autrement dit, tandis que la linguistique suppose un inconscient langagier qui fonctionne de lui-même indépendamment des sujets qui l'abritent sans le savoir et examine donc une structure hors sol, un authentique objet en somme, la psychanalyse reconnaît quant à elle le tragique d'un sujet inquiété et meurtri par une mécanique qui le dépasse. La différence entre les deux est donc simple et énorme: dans les deux cas de figure, quelque chose fonctionne de lui-même, mais la psychanalyse seule met l'accent sur le fait que ce qui tourne tout seul… tourne mal, fait mal.

Cette idée majeure, Freud l'aborde naturellement tout au long de son œuvre, mais c'est sans doute vers sa fin qu'il l'exprime de la façon la plus nette. De la même manière que l'autonomie du signifiant est partout présente, mais immanquable dans les premiers textes, l'appétence à la mort hante tous les textes, mais sa capture la plus saisissante se situe, elle, dans des textes plus tardifs. Au triptyque inaugural du début du siècle, Lacan adjoint donc *Au-delà du principe de plaisir* qui date des années 1920, puisque c'est là que se trouve la mise en place de l'hypothèse des pulsions de mort. Le retour à Freud y achève d'y trouver tout son sens, attendu comme la citation mise en exergue le rappelle, que les maîtres à penser de l'IPA, embarrassés par la formulation freudienne, préfèrent la délaisser. Lacan a alors beau jeu de leur objecter qu'il est quand même dommage de se dire continuateur de l'œuvre freudienne… et de rater ce qui, aux yeux de son auteur, en est un des plus importants morceaux. N'est-ce pas là la preuve flagrante que le sens global de l'œuvre est mutilé ?

Le sens du retour à Freud se prolonge ainsi d'être saisi comme le retour, tout simplement, à l'affirmation princeps de l'appétence humaine pour la mort. Et c'est à ce but majeur que répond de manière admirable ce qui a précédemment été mis en valeur : l'hypothèse de l'inconscient structuré comme un langage s'avère être en effet le moyen par l'intermédiaire duquel Lacan réinterprète la grande énigme freudienne des pulsions de mort.

🔎 Vocabulaire

La chronologie : Il y a deux manières d'envisager la périodisation d'une pensée. La première se contente de rappeler la réalité ; elle est tout à la fois irréfutable et inutile, factuelle et ridicule. La seconde, qui donne un sens supérieur à chronologie de supposer dans le déroulement du temps une logique sous-jacente, prend le risque d'identifier des moments dans l'œuvre, des points de bascule, des revirements ou des avancées. Plus personnelle, plus risquée, plus intéressante, cette deuxième scansion, nécessaire mais malaisée dans le cas de Lacan, cherche à s'appuyer sur quelques points fixes. On peut ainsi déterrer dans les *Écrits* de grandes étapes à partir de la manière dont Lacan relit le *Wo es war, soll Ich werden* freudien ainsi qu'il corrige le cogito cartésien. On peut également y arriver en identifiant les diverses manières par lesquelles Lacan entreprend de rendre compte de l'énigme freudienne des pulsions freudiennes. Dès *Les Complexes familiaux*, Lacan s'y attelle et sa théorie générale se complexifie à chaque fois que sur ce point précis, il s'avère capable d'en proposer une explication plus puissante.

Portée

Comment pourrait-il y avoir une pulsion de mort ? Cela paraît incroyable, pourtant Freud l'affirme, et soutient qu'il s'agit là d'un point essentiel. Lacan a beau jeu d'affirmer que ceux qui minorent cette affirmation mutilent le sens de l'œuvre du maître. Tout son travail, d'une certaine manière, consiste, à rebours de ce que font ses collègues, à en rendre compte. Le retour à Freud en ce sens est retour à l'énigme du texte freudien. En faisant non pas seulement du signifié mais de l'homme lui-même la passion du signifiant, Lacan se flatte d'en proposer une explication.

Le refoulement originaire

> « *Le sens d'un retour à Freud, c'est un retour au sens de Freud. Et le sens de ce qu'a dit Freud peut être communiqué à quiconque parce que, même adressé à tous, chacun y sera intéressé : un mot suffira pour le faire sentir, la découverte de Freud met en question la vérité, et il n'est personne qui ne soit personnellement concerné par la vérité.* »
>
> La chose freudienne,
> Écrits, page 405.

Idée

Nous venons de déplier le sens du retour à Freud en trois temps : il s'agit de retrouver ce regard propre à Freud, où se manifeste une ambition scientifique classique, projet qui s'avère prodigieusement fécond de faire apparaître, presque malgré lui, un gouffre entre ce que la science postule et ce que la psychanalyse dégage. L'inconscient est structuré comme un langage, mais cette structure est insigne de meurtrir l'homme. Ne reste plus maintenant à voir que cette étrange découverte… personne n'en veut rien savoir !

Contexte

Nous voilà à nouveau à puiser dans *La chose freudienne* une citation pour commenter la pensée lacanienne. En ce qui concerne le retour à Freud, comment ne pas penser en effet à ce texte ? Lacan, pour célébrer l'œuvre du maître, ne se déplace-t-il pas à Vienne ? Et n'a-t-il pas raison de remarquer que c'est une honte pour l'IPA, l'institution regroupant les disciples de Freud de par le monde, qu'elle n'ait pas commandité la plaque commémorant les découvertes de son fondateur ? Ce fait ne montre-t-il pas l'incroyable négligence des psychanalystes à l'endroit de celui qui a inventé leur métier ? Alors, peut-on rêver meilleur endroit pour annoncer la nécessité d'un retour à Freud ?

Commentaire

L'expression de retour à Freud est la bannière que Lacan s'est choisie pour partir en guerre contre ce qu'il estime être l'abandon, par ses praticiens mêmes, de la découverte freudienne. L'expression en elle-même de « retour à… » a été antérieurement utilisée par Lacan : retour à la logique, ou bien retour à Descartes par exemple. Lacan l'apprécie, il l'utilise pour signifier que, confrontée à une difficulté qui égare, l'investigation fait bien de s'armer de ce qui a donné la preuve de sa solidité. Quoi de plus naturel, si la pratique analytique en tant que telle se perd que de se retourner alors vers celui qui l'a inventée ? Le retour à Freud coiffe donc, et surclasse, tous les autres. Pour y voir plus clair en psychanalyse, c'est le retour à Freud qui prime. Hélas, le corpus freudien ne se déchiffre pas aisément ! La masse des textes qui le compose est immense, les analyses qui traversent trois décennies et traitent de multiples sujets ne s'ajustent pas toujours bien les unes aux autres… Il faut vraiment ne l'avoir jamais lu pour croire que Freud ne fait jamais que répéter les mêmes choses ! Mais alors, comment, dans ses conditions, retrouver par-delà les cheminements de sa pensée si riche le sens authentique de sa recherche ? Bref, c'est là tout le problème du retour à Freud, comment s'y prendre pour user de son œuvre comme d'une boussole ?

On a vu ce que Lacan supposait, de quelle manière il entendait procéder et ce qu'il trouvait. Tout cela ne suffit-il pas ? Non, parce que le plus important est encore à venir : cette présence étrange de la mort en nous, fruit amer du nouage du corps et du langage, nous n'en voulons rien connaître ! Dans un refoulement originaire, originaire en cela que tout ce que nous vivons présentement en est l'effet, quelque chose s'est effacé, et c'est sur le fond de cette obscure flagellation primordiale, que s'est écrite la logique secrète de notre vie. La psychanalyse ne nous promet donc pas, comme toute science qui se respecte, de nouvelles connaissances universelles, mais nous lance le défi d'en apprendre plus sur la forme singulière qu'a prise pour nous l'effondrement constitutif du désir d'y voir plus clair. Avec Freud, l'homme pour la première fois, entend cette proposition prometteuse mais inquiétante : « ici, tu peux apprendre ce que tu n'as jamais voulu savoir. » Le retour à Freud, en dernière instance, n'est donc rien d'autre que le retour à la quintessence même de ce que la psychanalyse découvre d'insupportable au cœur même de l'homme.

Vocabulaire

Savoir et vérité : Lacan vole à Heidegger la distinction du savoir et de la vérité. Pour les deux la distinction désigne tout à la fois la différence, délicate mais nécessaire, qu'il convient de faire d'une part entre invention et répétition, d'autre part entre science et philosophie/psychanalyse. Lacan fait sienne cette différenciation et rappelle, par là, leur gigantesque écart. Le savoir s'apprend sur les bancs de l'école, il suppose l'autorité et s'impose par son autonomie vis-à-vis des sujets qui l'apprennent et le transmettent. La vérité, tout au contraire, rayon de soleil ou coup de tonnerre, concerne et atteint le plus intime du sujet. Le savoir est à l'image de la bibliothèque, il se meut dans un univers stable, classé et silencieux. La vérité n'est bien chez elle que sur des barricades, elle est révolutionnaire et intransigeante. Le premier s'écrit à mesure que s'efface la subjectivité de celui qui le dévoile, tandis que la seconde n'existe que parce que celui qui l'énonce s'y découvre.

Portée

Nous l'avons vu, Lacan fustige une mode analytique trahissant la découverte freudienne. Au droit de cité que la société reconnaît généreusement à la psychanalyse, Lacan oppose une extraterritorialité constitutive et définitive. À ses yeux, le vrai scandale est que Freud ne choque plus ! Mais qu'a donc déterré l'inventeur de la psychanalyse pour mériter pareil anathème ? Quel est donc le crime que commet en apparaissant l'investigation analytique ? Que tout, toujours, est à reprendre ! Les pulsions de mort capturent en effet, fondamentalement, l'idée que tout un chacun commence sa vie d'homme par fuir lâchement la vérité. Voilà le dernier et véritable sens du retour à Freud. Cet insupportable, comment diable Lacan va-t-il s'y prendre pour l'enseigner à son tour ?

2. Le style de Lacan

Qui parle ?

> *Tout cela, ce n'est pas moi qui l'invente, et ce n'est même pas moi qui l'articule, c'est dit en termes propres dans Freud.*
>
> Séminaire X, page 148.

Idée

Lacan, afin de sauvegarder le cœur de la découverte psychanalytique menacée par ceux-là mêmes qui devraient la défendre, entreprend un vigoureux retour à Freud. Ce dernier est l'envers du style de Lacan, incroyablement original et diablement instructif. Pour en débuter l'examen, commençons par le plus simple : pourquoi Lacan loue-t-il Freud de ce que lui-même avance ?

Contexte

Cette citation est extraite du *Séminaire X*, qui aborde frontalement la question de l'angoisse. Par cette voie, Lacan complexifie sa théorie de l'objet petit a, ce qui se manifeste entre autres par sa répudiation renouvelée et approfondie de Hegel, qui se laisse suivre dans la réécriture en trois temps de la division subjective. Or, cet objet petit a, dont Lacan dira qu'il s'agit en somme de son invention propre, Freud l'a-t-il, ou ne l'a-t-il pas découvert ?

Commentaire

Lacan réinvente la psychanalyse en s'armant du retour à Freud. Cette affirmation est particulièrement habile. Elle est également hautement problématique. Que ses collègues n'aient rien compris est une chose, que lui, Lacan, ressuscite le message freudien en est une autre. Le retour à Freud, en effet, devait quand même un peu surprendre l'auditoire de Lacan : pas sûr qu'à le déchiffrer, pour ceux qui s'y essaient, l'évidence du primat du signifiant sur le signifié éclate. C'est bien pourtant ce que soutient Lacan. Ce fameux retour devait donc désorienter doublement. D'abord en osant dire tout haut, à condition de tendre l'oreille, qu'il était entouré d'incapables et de malhonnêtes. Ensuite, et surtout, en mixant d'une manière inattendue l'original et l'ancien. De manière en effet indubitable, mais problématique, Lacan n'hésite pas à faire de Freud le père légitime de ses propres formules les plus inouïes. Pourquoi procède-t-il ainsi ? Que pouvons-nous donc apprendre de cette manière de faire ? Comment saisir la citation mise en exergue ? Pourquoi donc Lacan soutient-il, contre l'évidence des faits, que ce qu'il apporte de nouveau… il le trouve déjà dans Freud ?

Pour répondre à cette question, le plus simple consiste à prendre un exemple. Mais ils sont légion : Lacan ne cesse de commenter Freud. Alors lequel choisir ? Il y a dans *l'Instance de la lettre* un passage tout à fait remarquable qui répond parfaitement, parce que de biais, à notre recherche. Il ne traite pas de Freud, dont il est toujours question, mais de Saussure, qui revient plus rarement mais qui se trouve lui aussi gratifié d'une invention… incontestablement lacanienne. *L'Instance de la lettre* roule tout entière sur le fameux S/s ; cette formule, Lacan en attribue généreusement la paternité à Saussure. Or, celui-ci n'a jamais rien fait de tel. Il a en réalité écrit exactement le contraire, et non seulement il l'a écrit mais tout son *Cours* l'illustre. Il y a donc là un problème. Comment le résoudre ?

Que signifie donc le S/s que Lacan introduit ? La question n'est pas des plus simples, attendu que *L'instance de la lettre* vise précisément à y répondre. On peut, pourtant, en raccourci, répondre que Lacan inverse la perspective saussurienne… perspective qui s'illustrait parfaitement dans les exemples canoniques qu'il prend pour introduire ce qui est en train de devenir la distinction du signifiant et du signifié, à savoir la sœur, femme ayant les mêmes parents que le locuteur, et la sœur, mot en français la désignant, et qui se trouve équivaloir à *sister* et *schwester* par exemple. Appeler sa sœur en ces différentes langues n'en change pas la réalité ; voilà ce que soutient Saussure. Voilà très exactement ce que ne dit pas Lacan, qui lui soutient au contraire que la langue influe sur l'être, autant qu'elle accroche le corps. Dans le monde de Saussure, il y a le monde des signifiants et le monde des signifiés, ils se rencontrent paisiblement. Dans le monde de Lacan, il y a antériorité signifiante qui malmène la réalité et enfante par là des significations bancales. Encore une fois, c'est exactement le contraire.

Est-ce à dire alors que Lacan se moque lorsqu'il loue Saussure de sa propre invention, à savoir que le langage n'est pas instrument transparent mais agent secret ? Absolument pas : en saluant Saussure, Lacan nous apprend quelque chose de très important : ne soyons pas ingrats, mais rendons hommage à ceux qui, par leurs propres avancées, ont rendu possible nos propres découvertes. Le S/s, c'est à Saussure que Lacan le doit, c'est grâce à lui qu'il l'a pensé : s'exprimant comme il le fait, Lacan reconnaît donc sa dette. Et ce qu'il fait, exceptionnellement, avec Saussure dans ce passage de *l'Instance de la lettre*, il le fait continuellement avec Freud.

🔍 Vocabulaire

La propriété intellectuelle : La propriété intellectuelle, qu'est-ce donc ? Rien d'autre que la lettre que Dupin ne récupère bien que parce qu'il sait qu'elle n'appartient à personne, autrement dit la lettre gardée par-devers soi, la lettre volée, est la lettre qui nous vole ! La propriété intellectuelle n'est donc qu'une illusion. Alors pourquoi osciller encore entre l'espoir de la pertinence et la certitude de l'inutilité, puisqu'il n'y a pas d'autre question qui vaille que celle de savoir ce que nous allons faire du courrier en retard ?

Portée

Lacan, inversant la formule de Saussure, garde le sens des termes… il ne modifie en réalité que la signification du seul qui reste à sa place, à savoir la barre! Il en fait un algorithme, un algorithme secret qu'il déplie via les formules de la métaphore et de la métonymie. Ce faisant, il avance grandement dans sa théorisation, mais n'oublie pas à qui il le doit. Voilà pourquoi il crédite de sa propre invention celui qui lui permet de la réaliser. Mais ce n'est pas, loin de là, la seule surprise qui attend son lecteur.

L'art du contredire

> *Si ce moment existe, la suite, c'est-à-dire ce qui succède au message, à son passage dans l'Autre, est à la fois réalisé dans l'Autre et dans le sujet, et cela correspond à ce qui est nécessaire pour qu'il y ait satisfaction. Cela est très précisément le point de départ qu'il faut pour que vous compreniez que cela n'arrive jamais.*

Séminaire V, page 148.

Idée

Patiemment, Lacan entame sa réinvention de la psychanalyse. Progressivement, son ambition de sauvegarder en la rénovant la découverte freudienne prend de l'ampleur. Or cela se réalise de manière fort singulière : Lacan avance en effet en se réfutant ! On aurait pu croire la chose impossible. Il nous apprend au contraire qu'il n'y a pas d'autre manière de faire. La citation mise en exergue en est un bel exemple.

Contexte

Dans le *Séminaire V,* s'élabore le fameux graphe du désir. Du mot d'esprit à la relecture d'*Hamlet*, Lacan nous rappelle qu'il peut être lu de différentes manières. Différents usages peut-être, mais une même racine : le graphe du désir s'oppose au schéma L. En l'élaborant, Lacan franchit une nouvelle étape.

Commentaire

Si Lacan crédite Saussure d'une opération que lui-même réalise, ce n'est pas seulement parce que le linguiste lui a donné les outils pour l'exécuter. C'est aussi, et plus encore, parce qu'il garde en mémoire le fait que la thèse de Saussure est aussi révolutionnaire que la sienne. Dans un monde ou signifiants et signifiés sont posés, l'audace consiste à avancer que le premier n'accueille pas tant le second qu'il le conditionne, mais dans un monde où ces deux termes n'existent pas encore... l'audace consiste à les inventer ! Et si la seconde s'avère contredire la première, il n'en reste pas moins que le grand intérêt de l'ancienne est de permettre de faire éclore la nouvelle. Ce raisonnement, qui achève de rendre compte de l'hommage rendu à Saussure, éclaire, injecté dans un autre cadre, la manière dont Lacan lui-même fonctionne. Sa manière de penser, en effet, est tout à fait originale. Contrairement à la plupart des penseurs, Lacan ne suit pas en effet, à l'image de ce que Descartes ou Kant nous montrent, une longue, inexorable, démonstration. Lui, sous couvert de digressions, d'actualité et de contingence, ne fait presque jamais que discuter âprement ses propres thèses. Il les retravaille constamment. Voilà ce qu'indique la citation mise en exergue où s'enterre la parole pleine et démarre ce qui deviendra le graphe du désir. Rappelons-le rapidement son contexte.

Nous sommes dans le *Séminaire V*; la théorisation antérieure, qui pose le primat du symptôme, roule sur une métaphore paternelle où l'énigmatique désir de la mère peut encore se trouve épinglée par le nom du père. L'étape qui lui succédera prendra acte de l'impossible capitonnage, entraînant la perte de la livre de chair et déclassera le symptôme qui s'efface au profit du fantasme qui résiste à l'interprétation. Le passage d'une théorie à l'autre se fait dans *L'instance de la lettre*, et se répercute dans ce *Séminaire* de manière visible. Puisque la première théorisation repose sur la parole pleine et que la seconde démarre d'en reconnaître l'impossibilité, on pourrait penser que Lacan en l'abandonnant recommence à zéro sa réflexion. Après tout, n'a-t-il pas bâti beaucoup sur l'idée qu'il était possible de s'extraire de l'aliénation imaginaire en se hissant au niveau de l'Autre ? Si désormais cette option n'est plus envisageable, logiquement, tout ce qui a été fait antérieurement s'écroule. Or, ce n'est pas du tout ce qu'affirme la citation mise en exergue. Elle soutient exactement le contraire, à savoir que pour saisir ce qui se passe, il faut déjà s'être familiarisé avec la parole pleine. Pourquoi ? Mais parce que le fantasme en est littéralement l'envers ! Son idée n'est pas sortie *ex nihilo* de l'esprit lacanien. Pour réussir à penser qu'il existe des questions qui n'admettent aucune réponse et qui, dès lors, produisent sur le corps une marque indélébile, ne fallait-il pas commencer par imaginer exactement le contraire ? C'est bien parce que Lacan a posé d'abord le symptôme comme mauvaise réponse à une vraie question qu'il peut ensuite complexifier sa théorie et, contre la théorie du symptôme, c'est-à-dire aussi apposée à celle-ci, bâtir son envers fantasmatique.

🔎 Vocabulaire

Le signifiant : Concept majeur des *Écrits*, quel sens donner au signifiant ? Sa définition lacanienne la plus célèbre énonce qu'un signifiant est ce qui représente un sujet pour un autre signifiant. Remarquable définition qui contredit les règles d'usage, puisqu'une définition, pour être opérationnelle, ne doit pas user dans sa rédaction du terme qu'elle précise. Lacan le sait bien sûr et en exploite avec maestria la logique. Mais pour le saisir, encore faut-il se rappeler que cette définition enterre la précédente, qui affirmait exactement le contraire, et que sans cet écrasement, la nouvelle ne fait pas sens. Le signifiant, d'abord, est précisément ce qui annonce l'existence du sujet, mais il est possible d'en conserver l'essentiel et de dire mieux encore : le signifiant n'est plus tant la preuve du sujet que la marque du sujet barré. Dire du signifiant qu'il représente le sujet pour un autre... signifiant prend ainsi tout son sens d'être rapporté à la définition qu'il met à la poubelle : on s'attend à « autre sujet », on tombe sur « autre signifiant », ce qui indique suffisamment que l'intersubjectivité propre à la parole pleine n'est plus possible ! La faute logique se fait alors astuce illustrative. Mais pour bien le saisir, encore fallait-il aller jusqu'au bout de la thèse qu'il renverse.

Portée

Lacan avance donc… en se réfutant lui-même. Ses concepts de S et de A en sont les plus beaux exemples. Ce faisant, ne nous rappelle-t-il pas la nature de la vérité, d'apparaître dans l'extraction d'une erreur qui nous avait longuement retenus captifs ? Si c'est bien le cas, alors sa manière de faire si singulière serait donc sans pareille non pas d'être idiosyncratique mais de dévoiler ouvertement ce qui autrement reste le plus souvent caché. Derrière l'apparente incohérence de ses propos contradictoires se manifeste ainsi une réflexion des plus sérieuses.

Arrière cocotte

» *– n'hésitons pas à faire des jeux de mots –* «

Séminaire I, page 181.

Idée

Très soigneux, Lacan retravaille sans cesse ses propres constructions et les amende parfois de manière stupéfiante en les biffant. Il n'hésite pas à y adjoindre d'innombrables jeux de mots. Ils ne sont pourtant pas légion, les penseurs qui d'une main soulignent le tragique destin de l'homme, et de l'autre, s'autorisent à faire de l'humour. C'est que le psychanalyste, de manière originale, considère les jeux de mots comme chose très sérieuse.

Contexte

La première phrase du *Séminaire I* se termine par ce qui semble être l'éloge de cette technique d'enseignement qui nous reste la plupart du temps étrangère, à savoir le coup de pied à destination de l'élève récalcitrant. Lacan fait certes référence à une pratique orientale, exotique. Mais rien n'indique qu'il ne la reprenne pas à son compte. Coup de pied dans la fourmilière du savoir établi, des traditions et des institutions, et de sa propre bêtise aussi, les derniers mots de la première phrase d'une très longue série des séminaires résume assez bien ce que tout un chacun risque d'expérimenter à se confronter à Lacan. Il faudrait être exagérément sérieux pour s'en offusquer.

Commentaire

Lacan chasse sur les terres de la grave métaphysique, et aime à citer les tragiques. Toutefois, ses textes sont pleins de malice et remplis de jeux de mots. Ce contraste est saisissant, et il suffit de se remémorer le style des grands philosophes pour apercevoir l'originalité lacanienne en la matière. Comment l'expliquer ? Le plus simple, comme toujours, consiste à prendre un exemple. Ils sont innombrables. Lacan, par exemple, critiquant les membres de l'IPA nous dit qu'ils sont plus sensibles aux questions de standing que de standard. Ainsi la question épineuse de savoir comment être digne de Freud est remplacée par celle de se faire bien voir. La pique est belle… mais ne prouve absolument rien. Et il en va de celle-ci comme de toutes les autres : les jeux de mots n'ont jamais rien prouvé.

Ils se trouvent même à l'opposé de toute saine démonstration, puisqu'ils exploitent l'architecture signifiante au détriment des signifiés qui s'y trouvent canalisés. Les jeux de mots s'apparentent ainsi aux tours de passe-passe appréciés des sophistes : ne savent-ils pas faire oublier leur carence démonstrative ? On comprend dans ces conditions que les philosophes n'usent guère des jeux de mots. On pourrait même avancer qu'ils s'en méfient et qu'ils les fuient. Eux, ce qui les intéresse, c'est la vérité, c'est la démonstration, c'est le point de capiton. Alors, comment Lacan justifie-t-il l'usage immodéré de ses jeux de mots, lui qui précisément, sur les questions de la plus haute importance, compte bien en remontrer aux plus grands ?

À cette question compliquée, la réponse la plus courte semble être la suivante : les jeux de mots ne sont condamnables qu'à la double condition que la démonstration soit accessible à l'homme et que celui-ci y soit sensible. Le jeu de mots est à proscrire, s'il s'avère possible de proposer une articulation stricte et définitive, qui, une fois établie, s'impose d'elle-même à celui qui l'entend. Mais si ce n'est pas le cas… on voit mal au nom de quoi il resterait possible d'interdire les jeux de mots, attendu qu'alors ils deviendraient, de fausses preuves, d'authentiques trouvailles.

Or c'est là précisément ce que soutient Lacan. Il ne croit pas que l'esprit, à écouter une démonstration impeccable, se laisse invinciblement entraîner. Mieux encore, il ne croit pas en la possibilité d'atteindre l'impeccable démonstration dans le champ qui compte, celui de l'existentielle quotidianeté. En la matière, pour Lacan, les choses restent éternellement mouvantes. Il n'y a pas plus de démonstration qu'il n'y a de métalangage : l'homme ne peut surplomber un ordre symbolique qui le précède et le dépasse. Lui considère donc, le plus sérieusement du monde, que ce sont d'abord les mots qui se jouent de nous. Alors, tâchons, autant que faire se peut, de leur rendre la pareille.

Vocabulaire

« **Famillionnaire** » : Relisant Freud, Lacan s'arrête également aux mots d'esprits ; dans le *Séminaire V*, entre autres exemples, il s'arrête sur le mot de Heine : « famillionaire ». Ce dernier est une invention qui résume une entrevue, entre un pauvre et un riche. Il s'agit de la contraction évidente des termes de familière et de millionnaire. À l'entendre, on croit d'abord que celui qui l'énonce rend grâce à son interlocuteur, d'avoir su, en dépit du fossé social qui les sépare, le recevoir simplement. Mais cette impression, *in extremis*, s'inverse : être traité de manière « famillionnaire » revient exactement à dire le contraire. La familiarité avec laquelle celui qui rapporte l'entrevue a été reçu s'est avérée toute relative.

La question intéressante consiste à se demander pourquoi l'effet spirituel n'existe que du fait du néologisme ; à déplier la contraction et faire deux phrases, le même fait est énoncé, mais le mot d'esprit disparaît. Pourquoi donc ? Le fait d'inventer un mot suppose plusieurs choses. D'abord, une certaine aisance dans le champ symbolique, couplée à une vraie confiance à l'égard de l'interlocuteur dont on sait qu'il va déchiffrer derrière l'erreur de langage l'intention. Ensuite, une insoumission raisonnée à l'ordre symbolique, dont les riches sont un bel exemple. Ne sont-ils pas comme le langage, n'impressionnent-ils pas toujours ? À inventer des mots, on court le risque en effet de se faire, comme dirait Cyrano, ridicoculiser. Ce n'est pas le cas dans l'exemple que rapporte Lacan ; le mot d'esprit est parfait. On a fait sentir au pauvre sa triste condition, mais cet affront ne l'a pas plus que cela affecté. Oui, le monde n'est pas très bien fait... et le langage non plus d'ailleurs ; certains en tombent malades, d'autres y trouvent l'occasion de belles inventions.

Portée

Ce n'est donc pas par caprice que Lacan opère par jeux de mots. Ces textes sont pleins de malice, mais pour les raisons les plus rigoureuses qui soient. Humour et sérieux marchent en effet fort bien ensemble, le premier s'opposant à l'infatuation qui immobilise, le second à la lâcheté de ne pas tirer les conséquences. Est-ce dire pour autant qu'à se confronter au texte lacanien, le lecteur rit à gorge déployée ? Non, parce que si Lacan est parfois drôle, il est toujours drôlement… compliqué.

Le Gongora de la psychanalyse

> « *Je pense que mes élèves apprécieront l'accès que je donne ici à l'opposition fondamentale du signifiant au signifié, où je leur démontre que commencent les pouvoirs du langage, non sans qu'à en concevoir l'exercice, je ne leur laisse du fil à retordre.* »
>
> La direction de la cure et les principes de son pouvoir, Écrits, page 621.

Idée

Lacan développe donc une relecture à deux niveaux de l'œuvre freudienne. D'un côté, il creuse en approfondissant ses propres principes, de l'autre sa relecture du corpus freudien se fait de plus en plus vaste. Formulée ainsi, sa démarche pourrait presque passer pour être simple… Il n'en est rien. Ses textes sont d'une complexité alarmante. Quoi de plus logique pour un penseur qui considère que la tâche de tout un chacun consiste à donner du sens au message obscur dont il hérite ?

Contexte

Dans *La direction de la cure*, Lacan reprend un rêve que Freud avait exposé dans *L'interprétation des rêves* et le commente à l'aide du couple métaphore / métonymie. Ceux qui soutiennent qu'il s'amuse à obscurcir inutilement l'analyse freudienne croient trouver dans sa reprise complexe du rêve de la belle bouchère un superbe exemple pour illustrer leur thèse. Ce n'est évidemment pas le cas de ceux qui lui font confiance. Eux ne lui reprochent pas un commentaire difficile à suivre, mais le louent, d'abord, de rendre au texte freudien ses aspérités primitives.

Commentaire

Pourquoi Lacan ne s'exprime-t-il pas plus clairement ? Qui, en le lisant, ne s'est pas posé cette question ? À partir de là deux options s'offrent à nous. La première consiste à croire qu'il ne s'agit là qu'esbroufe. La théorie lacanienne ne serait que poudre aux yeux. Honnêtement, comment ne pas reconnaître que sa pensée s'y prête ? Rien n'est plus simple que de prélever dans son œuvre des affirmations contradictoires. Mais, soyons honnêtes jusqu'au bout : l'apparente inconsistance de sa pensée est-elle bien l'élément le plus gênant ? Non, il y a pire encore : l'insupportable lacanien réside dans son assurance à en savoir plus que nous sur ce qui nous concerne intimement. Voilà, plus précisément encore, ce que toute lecture réellement honnête se doit d'affronter.

C'est à partir de ce point précis que les choses se jouent. De deux choses l'une en effet. Soit l'on considère sa prétention comme fanfaronnade, et l'apparente incohérence sert alors d'arme pour refuser la proposition lacanienne de le suivre. Soit l'on la considère au contraire comme une réalité, et l'on accepte alors de s'engager dans le chemin qu'il fraye pour nous. Si dans le premier cas de figure, l'incohérence apparente et la difficulté incontestable servent de prétextes, dans le second, la perplexité reste de mise : celui qui fait confiance à Lacan ne sait pas encore pourquoi il s'exprime comme il le fait. Disons qu'il envisage autrement la question de son style : ne supposant pas qu'il soit dû au hasard ni pure affaire de caprice, il en cherche la raison. Nous revoilà donc, presque, confronté à notre question de départ : que nous enseigne le style de Lacan ? Pourquoi ne nous facilite-t-il pas sa lecture ? Il y a plusieurs bonnes réponses à cette question. À défaut de toutes les donner, essayer d'attraper la meilleure. Si Lacan ne se laisse pas si facilement suivre, c'est parce qu'il prend très au sérieux ce qu'il affirme. Nous l'avons vu, le graphe du désir, qui n'est certes pas le dernier mot de sa théorisation, corrige le schéma L, ce qui ne veut absolument pas dire qu'en le rectifiant, Lacan l'abandonne. En réalité, il le prolonge. Or ce schéma L, qui comporte aussi la première lettre de son nom, qu'affirme-t-il ? Qu'un flux symbolique nous précède, que nous y faisons obstacle, qu'il convient pourtant de rendre la lettre volée, c'est-à-dire de la renvoyer à notre tour, d'accepter donc de n'être que simple et modeste intermédiaire.

On peut contester la validité d'une telle théorisation de l'homme. Mais peut-on franchement reprocher à Lacan, qui l'invente, d'y souscrire et de l'appliquer… à la lettre ? Bien sûr que non. Et force est de constater que c'est très précisément ainsi que son style s'explique, commence de s'expliquer. Si humblement il nous avait offert des démonstrations limpides, nous aurions invinciblement été contraints de penser comme lui, et alors l'écran imaginaire se serait invisiblement consolidé, au détriment du flux symbolique à rétablir ! Autrement dit, puisque pour Lacan, comprendre revient à se prendre pour, la complexité de son style nous préserve en grande partie de cette illusion propre à la communication. Ce faisant, apparaît en contrepoint à son ambition qui dérange sa générosité incroyable : voilà un penseur de premier plan qui contraint, par sa manière de faire, ses auditeurs à faire preuve d'invention et de responsabilité ! Ainsi, la complexité affolante des textes lacaniens, que coiffe une assurance hors norme, ne devrait pas masquer l'exceptionnelle espace de liberté qu'il nous ouvre et nous offre.

🔍 Vocabulaire

L'apologue des Martiens : Lacan, à la page 324 du *Séminaire II*, raconte l'histoire suivante : un Martien rencontre trois humains et leur parle dans sa langue. Chacun des trois croit comprendre, toutefois chacun le fait à sa manière, nous avons donc trois versions non compatibles d'un même discours. Que faut-il retenir de cette petite histoire ? Remarquons d'abord qu'il est fort possible de la lire de différentes manières ! Ajoutons ensuite que Lacan nous rappelle par là prioritairement que croire comprendre ce qu'autrui énonce est le malentendu inaugural. Si cela nous permet d'éviter la folie, il n'en reste pas moins que cela condamne à la répétition. Si nous croyons comprendre le discours entendu, ce n'est que parce que nous ne l'entendons jamais qu'à partir de la petite musique qui se répète invisiblement en notre esprit.

Portée

Lacan est-il compliqué à lire ? Absolument. S'en plaindre revient toutefois à rater le don qu'il nous offre, d'entendre un discours qui vient d'une autre planète… de rencontrer un extraterrestre au discours qui vient d'ailleurs. À s'efforcer de décrypter le sens de son message, chance nous est donnée de saisir les certitudes cachées qui empoisonnent notre propre pensée et de nous extraire de nos éternelles rengaines. Ainsi, pourquoi ne pas métamorphoser le fil à retordre qu'il nous lègue en fil à plomb de notre propre réflexion ?

3. La formation de l'analyste

Le divan de Procuste

> « Qu'on ait pu seulement prétendre à régler de façon si autoritaire la formation du psychanalyste, posait la question de savoir si les modes établis de cette formation n'aboutissaient pas à la fin paradoxale d'une minorisation perpétuée. »
>
> Fonction et champ du langage et de la parole,
Écrits, page 238.

Idée

On l'a dit et répété, avec le retour à Freud, Lacan entreprend de réinventer la psychanalyse. Les deux pourtant ne sont pas dans la même situation. Le premier l'a inventée, le second arrive dans un monde où elle existe déjà, et où vivent encore certains analystes formés par Freud lui-même. Ne sont-ils pas les mieux placés pour gérer l'héritage du maître ? Absolument pas.

Contexte

La question de la formation des analystes est cruciale ; Lacan, dans son texte fondateur, *Fonction et champ de la parole et du langage*, ne peut pas ne pas l'aborder. Le rapport de Rome, d'une certaine manière, ne parle que de cela.

Commentaire

1953 n'est pas seulement l'année où Lacan prononce son fameux rapport de Rome, il s'agit également du moment où se produit une grave crise institutionnelle. Les deux événements ne sont pas étrangers, et dans la citation mise en avant, Lacan y fait écho. De quoi s'agit-il ? Pour le saisir, rappelons d'abord qu'avec la mort de Freud, disparaît celui qui incarne la psychanalyse, son fondateur et son chef incontesté. Désormais les dissensions sont possibles ; elles se font vite jour en Angleterre, où s'opposent Anna Freud et Mélanie Klein. L'association internationale de psychanalyse, orpheline, doit gérer des analystes aux pratiques concurrentes et aux orientations incompatibles. Freud n'est plus là et ses disciples ne sont pas d'accord sur le sens de sa doctrine. L'institution, entre dissensions et compromis, maintient comme elle le peut un semblant d'unité.

Les choses en France ne sont pas moins compliquées qu'ailleurs. En 1952 est décidé le règlement d'un futur institut de psychanalyse, sous le patronage de la Société psychanalytique de Paris. C'est là que le conflit éclate : qui va le diriger, et quelles seront ses orientations ? Lacan pose problème : les séances courtes, dont il défend théoriquement le bien-fondé, sont fortement contestées. Ses patients sont-ils réellement analysés, mieux analysés ou pas analysés du tout ? Il pose d'autant plus problème qu'il se trouve à la tête de l'organisme qui chapeaute administrativement des formations particulièrement scolaires et qu'il devrait donc entériner, alors qu'il se trouve, en même temps, proche des étudiants qui les subissent et qui s'en plaignent.

Il est donc, assez logiquement, mis de côté et poussé à la démission. Mais son éviction ne résout pas le problème, attendu que le vice-président, qui aurait dû le remplacer… démissionne à son tour. La Société française de psychanalyse est ainsi créée, en se séparant de la Société psychanalytique de Paris. Mais c'est cette dernière qui, jusqu'à présent, était en France reconnue par l'Association internationale de psychanalyse : ceux qui font scission risquent donc de se retrouver hors du mouvement freudien officiel. On imagine que les uns et les autres ne ménagent pas leur effort, en sens contraire, pour interdire ou officialiser la formation rebelle. Et ce sont sur ces entrefaites, que les Italiens, qui avaient organisé un congrès à Rome, hospitaliers et peut-être embarrassés, invitent les deux groupes français opposés. Le congrès en fut coupé en deux. C'est là, en sa deuxième partie, que Lacan prononce *Fonction et champ de la parole et du langage*. La situation, envenimée à souhait, se prolongera ensuite : d'un côté, la SPP reconnue par l'IPA, de l'autre la SFP, bien intégrée, de par ses membres, aux offres de formations françaises.

Ce contexte, rapidement rappelé, offre une première lecture de la citation mise en exergue. La question qui fâche est celle des séances courtes, elle permet à Lacan de démultiplier ses élèves, et d'accroître ainsi son influence institutionnelle. Cela énerve ses collègues : il forme plus d'analystes, l'accuse-t-on, non pas seulement parce qu'il a du charisme, mais parce qu'il ne respecte pas les règles du jeu. N'est-il pas alors logique de l'exclure ? C'est là une réponse institutionnelle tout ce qu'il y a de plus classique. Si elle ne convient pas à Lacan, ce ne peut être que parce qu'il attend plus de l'organisation qui fédère les travaux des analystes. Faire la guerre à une pratique sous prétexte qu'elle est révolutionnaire est institutionnellement une évidence, mais ne pouvait-on pas mieux attendre des disciples de Freud ? Puisque cette pratique se vantait d'être justifiée, ne fallait-il pas, plutôt que de préciser par règlement tatillon la durée exacte des séances et de leur fréquence hebdomadaire engager une discussion théorique et se proposer, plutôt que de la prohiber d'en entreprendre la réfutation ?

🔎 Vocabulaire

Les séances courtes : L'innovation des séquences courtes a profondément choqué. Sa justification est simple : la fin de la séance, précipitant l'interruption d'un discours autrement infini, produit de trop grands effets pour être laissée à la seule guise de l'horloge. En effet une ponctuation heureuse est aussi efficace qu'une interprétation à propos. C'est donc folie que de s'en passer. Peut-être, il n'en reste pas moins qu'en faisant cela, Lacan touche au cadre légué par Freud. Cette transgression contraint donc tout un chacun à choisir son camp : soit Lacan a raison, soit il a tort. Dans le premier cas, cette innovation indique une liberté féconde, dans le second une indécence malsaine. Bref, en inventant la séance courte, Lacan a franchi le Rubicon.

Portée

La citation mise en exergue rappelle que proscrire une innovation technique ne revient pas à en ruiner la légitimité. Et qu'il est à attendre d'une institution psychanalytique qu'elle garde en mémoire l'antinomie du pouvoir et de la vérité. À quoi servirait une analyse, si ce n'est à se révéler capable de faire preuve d'inventivité ?

Que nul n'entre ici s'il n'est géomètre

> *C'est d'une initiation aux méthodes du linguiste, de l'historien et je dirai du mathématicien, qu'il doit être maintenant question pour qu'une nouvelle génération de praticiens et de chercheurs recouvre le sens de l'expérience freudienne et son moteur.*

La chose freudienne,
Écrits, page 435.

Idée

Quoiqu'ils partagent des conjugaisons communes, *recouvrer* et *recouvrir* sont deux verbes bien distincts. L'un pose un voile, l'autre l'enlève. C'est bien sûr dans le sens de *recouvrer* « retrouver », que Lacan entreprend son travail de formation des analystes. Moins évidentes, en revanche, apparaissent les voies qu'il préconise à leur bonne formation.

Contexte

Quoi de plus beau que de rendre hommage à Freud en se déplaçant à Vienne ? Mais les vœux qu'y forme Lacan, en matière de formation des analystes, sont-ils bien congruents à ceux qu'exposait le maître ? Logiquement, le programme de formations des analystes pour les deux devrait être le même. Nul doute, qu'en cas contraire, ce n'est pas sans raison que Lacan, proclamant revenir à Freud, lui désobéit apparemment.

Commentaire

On l'a vu, Lacan se désole de la manière dont la psychanalyse se trouve en son temps pratiquée et enseignée. Il ne se contente pas d'en faire la satire cinglante. Il propose également ses remédiations et présente son propre programme. Comme il se fait fort, lui Lacan, d'être au niveau de Freud, on pourrait croire qu'il exprime, en matière de plan de formation, les mêmes exigences. Or, ce n'est pas du tout le cas. Une telle dissonance demande donc à être expliquée.

Freud, pendant longtemps, a préconisé l'analyse des rêves, puis, avec la mise en place des premiers instituts, a apporté quelques précisions supplémentaires ; il a alors ouvertement souhaité l'établissement d'une formation principalement tournée vers le domaine littéraire. Or, ce n'est pas là du tout ce que préconise Lacan. Lui met en avant trois disciplines, l'histoire, la linguistique, la mathématique, la troisième étant à ses yeux la plus importante.

L'histoire et la linguistique, Freud ne les avait pas spécialement mises à l'honneur, mais on croit comprendre le choix lacanien. Après tout, avec et après la littérature, l'histoire des religions, la mythologie et le folklore, un peu d'histoire et de linguistique ne peuvent pas faire de mal. Pour la première, Lacan l'ajoute très certainement non pas en ce sens que le psychanalyste serait plus outillé une fois avoir bien digéré, disons, l'avènement de la démocratie athénienne et la déchéance de l'Empire romain, mais parce qu'à se former à cette discipline, dont on sait qu'à l'époque la France est en pointe d'en renouveler le genre, le disciple de Freud se fait une meilleure idée de ce que signifie écrire une histoire, c'est-à-dire réussir à donner du sens à un ensemble disparate de faits. Il y a à l'évidence des similarités entre les métiers d'historien et d'analyste, puisque pour les deux le travail ne commence vraiment qu'à s'affranchir de l'objective chronologie. Le choix de la linguistique semble se saisir aussi aisément ; Lacan en rappelle l'importance, après Freud, en cela qu'elle-même, depuis le début du XXe siècle, connaît d'importantes mutations, dont il n'est pas inutile de prendre conscience. Mais c'est la référence à la mathématique qui surprend. Elle, qui n'apparaissait même pas dans la liste freudienne, prend la première place aux yeux de Lacan. Comment l'expliquer ?

Pour savoir pourquoi Lacan fait primer la mathématique, il convient de se demander ce qu'il en attend. On pourrait croire en effet que s'il y a bien une discipline qui reste étrangère à l'investigation analytique, c'est bien elle. Car, de quoi parle Freud, si ce n'est de ce qui agite l'homme seul ? Et de quoi traite la mathématique, si ce n'est de ce qui perdure de toute éternité ? Le découvreur de l'inconscient ne s'y serait d'ailleurs pas trompé : rien de ce qui s'est fait dans ce vaste champ d'idéalité, ne semble l'avoir préoccupé. Vienne, à la même époque, voit éclore la psychanalyse et se renouveler la logique, mais ces deux courants ne se sont pas mutuellement fécondés. Alors, pourquoi diable Lacan fait-il apparaître la mathématique et lui donne-t-il donc la première place ?

Mais parce que la mathématique, telle que l'envisage Lacan, n'est que l'autre nom de l'architecture signifiante elle-même ! D'une certaine manière, Lacan ne propose pas trois disciplines pour la formation de l'analyste : histoire, linguistique et mathématique. Il n'en propose qu'une, ou deux. Une, mais c'est la linguistique, au double visage de la parole et du langage. Deux, mais c'est le couple histoire et mathématique, histoire où s'invente un récit en même temps qu'il se raconte et mathématique où se formule sous sa forme minimale un invisible programme tournant en boucle pour l'éternité. Ainsi, l'étude du champ littéraire que Freud appelait de ses vœux n'est pas abandonnée mais réordonnée par la mathématique que Lacan met à l'honneur. C'est avec elle que l'investigation du symbolique, que Freud avait initiée, pourra recouvrer sa fécondité première.

> ### 🔍 Vocabulaire
>
> **Odd** : Le rapport de Lacan aux mathématiques est passionnant. Le sujet mérite une étude à part entière, mais il y a, semble-t-il, une manière simple d'en saisir le fil directeur. L'homme n'est pas une chose : l'impeccable déterminisme mathématique ne s'y applique toujours que d'une manière décalée. Et c'est cette altération ontologique qui se retrouve dans l'usage singulier que Lacan fait de la nécessité mathématique. Ainsi, par exemple, ce n'est pas la théorie des ensembles qui, appliquée à l'homme, permet de déduire le couple aliénation-séparation, mais en s'en inspirant, il devient possible de s'en faire une idée. Cette belle nécessité qui se retrouve défigurée en l'homme, l'intraduisible terme anglais, que Lacan apprécie, d'*odd* l'épingle parfaitement. Ne désigne-t-il pas en effet tout à la fois ce qui est impeccablement impair et ce qui est inexplicablement étrange ?

Portée

Lacan ne se contente donc pas de dénoncer la manière dont la psychanalyse se trouve enseignée ; il propose fort logiquement une autre manière de procéder. Mais son nouveau plan de formation n'est pas seulement ambitieux, il est également admirablement… pessimiste. C'est que Lacan sait bien qu'en la matière toute formation, aussi belle soit-elle, restera insuffisante.

Le savoir, symptôme de l'ignorance

> *Mais ce qu'il faut avant tout comprendre, c'est que, quelle que soit la dose de savoir ainsi transmise, elle n'a pour l'analyste aucune valeur formatrice.*
> *Car le savoir accumulé dans son expérience concerne l'imaginaire…*

Variantes de la cure type,
Écrits, page 357.

Idée

Il existe de très mauvais cycles de formation, et Lacan se propose donc de les amender. Mais cela ne signifie pas pour autant qu'il croit possible de proposer une instruction satisfaisante. Les meilleures formations, en la matière, se savent inévitablement défaillantes. Car chaque cas est unique.

Contexte

Variantes de la cure-type n'est pas que le titre, imposé, d'un des *Écrits* de Lacan; il s'agit également d'une expression qui exprime sans ambages l'idée que la psychanalyse est une pratique comme les autres, et qu'à ce titre elle opère en terre connue. Mais cette idée, d'englober la psychanalyse dans le champ de la médecine, ne devait pas sembler si anodine que cela à ceux qui la professèrent, attendu qu'ils en renforcent la prétention d'un ajout inutile. Qui dit cure-type en effet dit variantes. Ce pléonasme, au lieu de donner du poids à cette intention néfaste, ne s'offre-t-il pas à lire comme aveu d'impuissance? Ceux qui bégayent ainsi que la psychanalyse se doit d'être sage ne révèlent-ils pas leur impuissance à le démontrer?

Commentaire

Toute formation existe pour permettre aux candidats d'acquérir les compétences nécessaires à la juste réalisation du métier visé. Plus celui-ci est important, et plus le suivi est conséquent. On imagine mal une compagnie aérienne ne pas surveiller de près ses pilotes : ne leur confie-t-elle pas ses passagers, des avions onéreux, sa propre image de marque ? Tout cela semble aller de soi. Y aurait-il un sens à proposer une formation longue et complexe, puis, tout à la fin, informer le lauréat que tout cela, finalement, ne valait pas grand-chose et que tout reste à découvrir sur le terrain ? Cela ne serait pas sérieux. Mais c'est pourtant bien ce que semble indiquer Lacan dans la citation mise en exergue. Avant même que ses propres projets de formation des analystes, au sein d'une école inventée par ses soins, soient définitivement dessinés et proprement exécutés, il met en garde ses élèves : aucune formation, aussi bonne soit-elle, ne prépare correctement au métier d'analyste. Lacan l'affirme très clairement : quel que soit le savoir transmis, il n'est d'aucune valeur formatrice ! Voilà qui est très étonnant. Si cela était le cas, pourquoi Lacan se serait-il emporté contre la formation en cours à son époque, et pourquoi en aurait-il proposé une autre ? Si le savoir reste sans valeur, à quoi bon se former ?

Il y a plusieurs manières de répondre à cette question. On peut le faire en sollicitant à nouveau la distinction du savoir et de la vérité, et rappeler que ne fonctionne bien que ce qui se trouve, dans la situation singulière, être découvert par l'analyste et valider par l'analysant. On peut le faire également en n'usant non de la parole pleine mais de l'aura inévitable qu'entoure tout savoir. Car tout savoir, en effet, impressionne. Le savoir intimide par définition. Et il ne faut pas croire qu'on puisse, à peu de frais, se prémunir contre son aura : ce serait faire une grave erreur. Le savoir intime, comme le signifiant commande.

Et pour bien saisir la subtile difficulté qui se dresse ici sur le chemin de l'apprenti analyste, il convient de ne pas perdre de vue la réaction naturelle face à ce qui en impose, à savoir… l'indifférence affectée. Face à ce qui impressionne, rien de plus naturel que de jouer le blasé. C'est pourtant là, dans cette parade hypocrite, que nous nous retrouvons le plus inhibé. Oui, c'est vraiment quand nous faisons semblant de ne pas avoir peur que nous sommes le plus effrayés.

Le savoir en impose toujours, parce qu'il menace notre ignorance originelle et irréductible… alors, pas d'autre solution honnête que de la remettre aux manettes, et de prendre donc, ce savoir qui nous échappe, à bras-le-corps. Ce faisant, nous en apprendrons davantage… ce faisant, nous garderons en mémoire l'essentiel : que tout le savoir accumulé ne pèse pas grand-chose par rapport à ce qu'il reste à inventer. Autrement dit, Lacan dans *Variantes de la cure-type* ne fait pas l'éloge de l'inculture, mais rappelle au contraire l'unique chemin à suivre pour qui veut connaître la vraie (et faible) valeur du savoir : en acquérir toujours plus.

C'est donc lire Lacan à l'envers que de croire qu'il préconise de déserter les bibliothèques ; il s'agit au contraire d'ôter au savoir son prestige originaire, en s'y confrontant ! Car qui d'autre que celui qui a presque lu tous les livres sait que presque rien ne s'y trouve ?

🔍 Vocabulaire

L'universitaire : En 1967, Lacan prononce une toute petite conférence qu'il intitule : « Place, origine et fin de mon enseignement », que Jacques-Alain Miller nous permet de découvrir dans la collection « Paradoxes de Lacan » aux éditions du Seuil. On y découvre un Lacan se pliant de bonne grâce à un public très vraisemblablement peu familier du Séminaire. Il lui faut donc tout reprendre, partir du plus simple et de plus évident, et, sans rien caricaturer, se hisser à quelques théorèmes fondamentaux de la psychanalyse. Très peu de concepts sont sollicités, et pourtant beaucoup de la révolution freudienne s'y trouve exposée. Vient ensuite l'intervention du professeur d'université. Le contraste avec celle de Lacan est terrible. Heureusement, le psychanalyste interrompt son discours indigeste et incompréhensible d'un bienveillant « Je vous en supplie, n'en jetez plus ». C'est qu'aux énigmes existentielles fondamentales que Lacan venait, avec une haute simplicité, de ressusciter, son pauvre interlocuteur, vissé à sa chaire d'universitaire, n'avait pas pu répondre autrement que par un intarissable flot de connaissances, qu'aucune interrogation de bon sens, hélas, ne venait orienter. Brille donc, avec une rare pureté, dans cette rencontre ratée, l'opposition tranchée entre le maître du savoir et le chercheur de vérité.

Portée

Lacan dénonce la formation existante, en propose une meilleure version, n'oublie pas d'ajouter que la vérité est toujours à venir. Il nous rappelle, en somme, la leçon de Socrate : l'ignorance n'est belle que lorsqu'elle est acquise. L'ignorance, la vraie, s'apprend.

Ce moment où commence le véritable voyage

> *De toutes celles qui se proposent dans le siècle, l'œuvre du psychanalyste est peut-être la plus haute parce qu'elle y opère comme médiatrice entre l'homme du souci et le sujet du savoir absolu. C'est aussi pourquoi elle exige une longue ascèse subjective, et qui ne sera jamais interrompue, la fin de l'analyse didactique elle-même n'étant pas séparable de l'engagement du sujet dans sa pratique.*

Fonction et champ de la parole et du langage, Écrits, page 321.

Idée

Mais si le métier d'analyste réclame une formation longue et exigeante, constamment relancée par la réalité douloureuse et intangible de sa propre insuffisance, celle-ci… logiquement devrait être sans fin. Il y a bien pourtant des analystes… alors comment concilier entreprise infinie et terminaison de l'analyse ?

Contexte

Sûr de le trouver, nous avons cherché dans *Fonction et champ du langage et de la parole* le problème de la formation des analystes. La même logique nous conduit à nous y replonger pour en chercher la réponse. Le texte fondateur de l'enseignement lacanien ne se contente pas de dresser le constat d'une carence en la matière ; il propose évidemment une remédiation.

Commentaire

La fin de la phrase rappelée dans la citation mise en exergue semble claire : la formation de l'analyste s'achève lorsque celui-ci se fait lui-même analyste. Voilà qui semble en effet assez logique : la formation s'achève lorsque le candidat peut, de lui-même, exercer le métier pour lequel il a été formé. Cette partie de phrase, nous croyons la comprendre, malheureusement elle n'apporte aucune solution, attendu qu'elle suppose plutôt le problème résolu. Lacan, en somme, y rappelle que la formation analytique a une fin, la preuve : il y a des analysants qui deviennent analystes. La question est donc de savoir ce qui fait le passage de l'un à l'autre. Lacan, dans la phrase antérieure, rappelle ce que nous croyons avoir compris précédemment, à savoir que l'ascèse subjective propre à l'activité analytique n'est pas seulement longue… elle est proprement sans fin. Qui serait suffisamment bête pour affirmer en avoir fini avec son propre inconscient ? Nous voilà donc confrontés, en lisant la citation à rebours, au problème tel que nous l'avons reconstruit. Il faut que la formation prenne fin, tout en s'inscrivant dans un processus infini !

Poursuivons notre lecture et remontons d'une ligne encore : logiquement, le problème doit y trouver sa solution. Lacan y affirme que la psychanalyse se trouve effectuer la médiation entre l'homme du souci et le sujet du savoir absolu. Autrement dit, le psychanalyste réordonne dialectique hégélienne et authenticité heideggérienne. La première, d'une certaine manière, peut se saisir dans le sens de cette introspection infinie que l'homme, s'interrogeant sur son être, n'en finit pas de reprendre. Le sujet du savoir absolu, c'est celui d'un chercheur accroissant de manière asymptotique ses connaissances. La seconde, en revanche, se caractérise tout au contraire, non par une progression infinie mais par un saut définitif. On sait que Heidegger, dans *Être et Temps*, après avoir posé la distinction du Dasein et de l'étant, et définit l'exception humaine comme pouvoir-être, s'arrête momentanément, confronté à la difficulté épineuse d'en capturer le cœur. Si l'étant est tout entier ce qu'il est, l'homme, au contraire, ne l'est jamais totalement, et c'est cette non-totalité qui semble rendre inaccessible toute capture satisfaisante de son identité. Heidegger néanmoins surmonte cet obstacle en repérant derrière le souci, terme par lequel il accroche les différentes modalités de l'agitation humaine, la structure d'une temporalité originale. Ce n'est pas le passé qui prime, mais le futur en réalité… futur qui ne fait souci qu'en raison de l'absence de choix existentiel, laissant en souffrance l'avenir authentique. Autrement dit, à l'infinité du pouvoir-être, qui peut bien englober la dialectique infinie des connaissances acquises, Heidegger oppose la finitude radicale de l'homme. Pour lui, nous nous faisons beaucoup de souci… parce que nous ne savons pas bien que nous allons mourir ! À s'en rappeler, au contraire, l'urgence du travail à accomplir prend le pas sur toutes les autres considérations du quotidien.

Quand Lacan coordonne ces deux théories, il invite donc à concevoir la fin d'analyse comme non pas le dévoilement d'un savoir supplémentaire mais dans la prise de conscience d'une finitude irréductible. Seul celui qui finit par être capable d'assumer le fait qu'il ne saura jamais tout peut, de manière authentique, accroître son savoir.

🔍 Vocabulaire

Le temps : Le temps est une notion philosophique complexe. Pour qu'il existe, ne faut-il pas que chaque seconde qui s'écoule diffère de celle qui s'efface tout en restant la même ? Si les secondes variaient de l'une à l'autre, les minutes ne pourraient être comptées. S'il n'y avait pas la moindre différence entre deux, ne serions-nous pas figés dans l'éternité ? Saint Augustin avait donc bien raison : le temps n'est pas facile à définir ! Du moins, pour la plupart des penseurs ; en effet le temps, d'une certaine manière, n'embarrasse pas Lacan. Faisant sienne la leçon de Heidegger, le psychanalyste nous en propose une définition, aussi simple qu'efficace, à la fois plus légère et plus grave que beaucoup de celles qui végètent dans les étagères… Le temps, pour Lacan, le vrai, n'est jamais que ce qui nous manque. Voilà qui marque bien la différence entre les projets qui ne font qu'attendre et l'urgence féconde.

Portée

Nous avons proposé une première réponse à la question de savoir comment se forment les analystes, à l'aide des indications données dans le rapport de Rome. Pour ce faire, nous avons lu quelques phrases à rebours, remontant du problème d'une réflexion qui n'en finit pas à celle d'une décision qui demande à être prise. Tel est le nœud que la formation de l'analyste doit savoir trancher.

4. La partie analytique

Une rencontre

> « *Disons que dans la mise de fonds de l'entreprise commune, le patient n'est pas le seul avec ses difficultés à en faire l'écot. L'analyste aussi doit payer…* »
>
> La direction de la cure et les principes de son pouvoir,
> *Écrits*, page 587.

Idée

Comment se déroule une psychanalyse d'orientation lacanienne ? Immense interrogation que nous ne ferons qu'effleurer, à l'aide des quatre questions suivantes : quand commence-t-elle ? Sur quoi s'appuie-t-elle ? À quoi nous confronte-t-elle ? Comment s'achève-t-elle ? Procédons par ordre, et débutons modestement par la première. Comment débute une psychanalyse fidèle à l'enseignement de Lacan ?

Contexte

À qui veut apprendre quelque chose sur la manière dont se dirige la psychanalyse selon Lacan, quoi de plus logique que de lire : *La direction de la cure et les principes de son pouvoir* ? Dans ce texte se trouvent développées, entre autres, les conséquences que la relance de *L'instance de la lettre* impose à la théorie lacanienne du désir. La reconnaissance symbolique auquel il aspirait s'efface. On trouve également dans ce texte de 1958 toute une série de conseils pratiques, aussi simples que précieux. L'écot qui se fait écoute en fait partie.

Commentaire

Il en va de la psychanalyse comme de la philosophie : ici, rien n'est simple, parce que derrière toutes les plus plates évidences se dissimulent de séduisantes énigmes. Ainsi, la prosaïque question de savoir comment la psychanalyse démarre n'admet pas de réponse simpliste. Écartons le fait du coup de téléphone. Au-delà de celui-ci, à supposer qu'il se réduise déjà à une neutre prise de rendez-vous, ce qui est sans doute impossible, la question du début de la psychanalyse se dédouble.

D'abord, en amont du divan : à partir de quand le sujet se décide-t-il à franchir le cap ? Rencontrer ce qui se trouve être le plus souvent un inconnu pour lui parler de sa douleur d'être ne se fait pas sans peine, ni sans raison. L'investigation analytique, une fois enclenchée, pourra retrouver le moment où le sujet s'est décidé et dater ainsi, rétrospectivement, le début de l'analyse en deçà du fameux coup de téléphone.

Mais ce n'est pas tout : la question du début de la cure peut être reprise et examinée dans l'autre sens. Distinguons donc la prise de décision d'un sujet qui n'en peut plus et cette autre, qui est la prise de conscience de se trouver embarqué dans une aventure dont le sens lui échappe. La même logique que pour le point précédent s'applique, à l'envers, et il apparaît alors que le début de la cure, pour le sujet, est à déplacer par rapport au premier rendez-vous. Il ne suffit pas d'être sur un divan pour faire une psychanalyse.

On le voit : la question toute bête de savoir comment commence une analyse est tout sauf simple. Nous avons repéré un amont et un aval de la première rencontre : une demande d'aide qui se prend dans l'urgence et la réalisation tardive de ne plus être aux commandes. Ne choisissons pas entre ces deux versions. D'abord, parce qu'elles participent du même élan, lent mouvement qui ne doit s'achever en réalité qu'avec la fin de l'analyse elle-même. Ensuite, parce qu'à ce doublet, il convient d'adjoindre une troisième réponse.

Oui, deux versions du début de l'analyse ne suffisent pas… Il en manque une encore, et d'importance. Il y a quelque chose avant le premier rendez-vous, il y a quelque chose après le premier rendez-vous, il y a, aussi, tout simplement, le premier rendez-vous lui-même.

Ou plus précisément… la première rencontre avec son analyste. Pour que cette réponse, par ailleurs marquée du sceau du bon sens, prenne tout son sens, rappelons que les rencontres sont rares, rarissimes même. Si par rencontre en effet, on veut bien indiquer non pas l'entrevue, qui se fait tête à tête ou bien face à face, mais cet événement exceptionnel qui fait que les choses ne seront plus ensuite comme avant. Or voilà la mission première de l'analyste, comme l'indique la citation mise en exergue : celui qui parle doit bénéficier d'une écoute hors pair. Enfin ! Le voilà à même de parler à un interlocuteur, qui d'une manière bien mystérieuse, partage avec lui quelque chose de commun. La psychanalyse ne commence bien que par cette rencontre initialement rassurante où l'égaré, pourchassé par les Érinyes, reçoit le don d'hospitalité.

🔍 Vocabulaire

Le silence : Mais n'est-ce pas paradoxal que de prêter à un homme dont le métier consiste principalement à garder le silence le si grand pouvoir d'occasionner une bouleversante rencontre ? Non, à condition de se rappeler d'abord que se taire n'est pas à la portée de n'importe qui, et que de saisir ensuite, et surtout, la nature hautement ambivalente du silence. Il en va en effet de celui-ci comme de l'état d'indétermination quantique dans lequel se trouve le photon avant la mesure, qui va la fixer, de sa polarisation. Le silence, en tant que tel, ne signifie rien parce qu'il peut tout dire. Il n'est que l'envers d'une parole, d'une parole que l'analyste doit prendre, en prenant au rebond celle qu'il entend. Y répondant, il détermine en effet rétrospectivement la valeur du silence qui la précédait. L'intervention, qui signe la rencontre, donne le *la* de la musique du silence qui se fera ensuite entendre. Elle se doit d'être, en toute simplicité, épatante : à quoi bon, en effet, voir un analyste, si c'est pour recevoir les mêmes éternels conseils et entendre les mêmes réponses inutiles ?

Portée

La psychanalyse commence donc toujours de la même manière : par une authentique rencontre avec un être humain qui nous parle, qui nous parle de savoir nous écouter ! Cet espace hors norme ouvert, qu'alimente donc le fil des séances ?

Le désir de savoir

> *Le programme qui se trace pour nous est dès lors de savoir comment un langage formel détermine le sujet.*
> *Mais l'intérêt d'un tel programme n'est pas simple : puisqu'il suppose qu'un sujet ne le remplira qu'à y mettre du sien.*

Séminaire sur la « La lettre volée »,
Écrits, page 42.

Idée

La psychanalyse ne débute vraiment que lorsque celui qui parle... rencontre un interlocuteur hors norme, qui vient rompre son soliloque implicite. Mais il ne faut pas croire pour autant que ce soit à l'analyste de faire tout le travail !

Contexte

Les *Écrits* commencent par *La lettre volée*, texte remarquable dont Lacan a pointé, à plusieurs reprises, l'importance. Pour s'aventurer de manière convenable dans sa pensée, il conseille, nous apprend-il, de débuter ici. L'indication est précieuse... et ennuyeuse : quel sens clair donner à ce texte obscur ? Et si la difficulté à le lire n'était pas tant le problème que l'indication de sa solution ?

Commentaire

À lire *La lettre volée*, le lecteur peut se demander ce que tout cela a affaire avec la psychanalyse. Après tout, la démarche lacanienne est tout sauf simple. Quel sens lui donner ? Rappelons rapidement sa démarche.

Lacan imagine tout d'abord une série de plus et de moins, distinction minimale à partir de laquelle tout message peut être traduit. Cette ligne est infinie et aléatoire. Lacan y ajoute une seconde, à partir d'une formalisation particulière, où trois signets de plus et de moins se réécrivent en chiffres de 1, 2 et 3. Nous avons donc une première ligne, aléatoire, puis une seconde, qui l'est moins, attendu le jeu d'écriture qui impose que + + + et - - - se traduisent en 1, tandis que + - + et - + - se réécrivent en 3, les autres options étant regroupées sous le 2. Il n'est pas compliqué de comprendre dans ces conditions qu'après un 1 ne peut pas suivre un 3. Lacan ajoute un troisième jeu d'écriture et retranscrit les 1, 2 et 3 en série de quatre lettres. Cette nouvelle complexification conserve la possibilité antérieurement acquise de prévoir ce qui est possible et ce qui ne l'est pas, et ajoute cette autre de pouvoir, avec plus de précision qu'avec la simple ligne des chiffres, déterminer rétroactivement les lettres manquantes d'une série incomplète. C'est que le jeu d'écriture redoublé démultiplie les contraintes de l'impossible et du nécessaire. Ainsi, nous avons trois lignes, et celle des alpha, bêta, gamma et delta est d'une complexité telle qu'il est possible d'y retrouver une implacable et implicite loi mathématique.

Voilà ce que nous offre Lacan. La difficulté de sa construction est-elle dans sa saisie ? N'est-elle pas plutôt dans son usage ? Qu'est-ce que tout cela a à voir avec la psychanalyse ? La réponse de son auteur peut dérouter : s'y manifeste en son principe même la découverte freudienne ! La connexion, complexe, peut se lire, apparemment, dans la citation mise en exergue. L'être humain ne serait-il pas lui aussi soumis à un pareil déterminisme formel ? Ne serait-il pas programmé, à la manière de nos ordinateurs ? La connexion avec la psychanalyse serait donc en ce sens la suivante : pareille à une machine répétant toujours la même séquence, n'apprenant pas de ses erreurs, l'homme n'est-il pas un être victime d'une programmation déréglée ? Après tout, le déterminisme inconscient peut tout à fait être lu de cette manière. Mais cette lecture-là, en 1955, n'a rien de très original – elle ne ferait que reprendre celle de la cybernétique américaine. Est-ce bien le cas ? Après tout, Lacan connaît les conférences de Macy. Est-ce donc ainsi qu'il convient de lire le petit jeu d'écriture auquel se livre Lacan en ouverture des *Écrits* ?

Freud et le mouvement cybernétique considèrent l'un et l'autre que l'homme est mû par un déterminisme aveugle, et qu'il y a erreur dans la programmation. Alors, y a-t-il entre ces deux entreprises de vraies différences ? Absolument, il n'y en a qu'une, mais elle est centrale. La cybernétique, dont les prolongements dans le traitement des troubles psychiques, se manifeste dans le déploiement d'une pharmacopée dite sur mesure, ne fait pas d'analogie entre l'homme et la machine. Il s'agit d'une identification pure et simple, fruit d'une pensée pragmatique et sérieuse : puisque l'homme est mal programmé, il convient de le reprogrammer. Celle-ci s'opère de manière objective. Voilà qui n'est pas du tout le cas de la psychanalyse, qui entend pour sa part préserver la part plus que mise à mal de liberté du sujet. Et c'est pourquoi Lacan commence par indiquer que lui aussi, comme les cybernéticiens, recherche le langage formel qui détermine l'homme, mais ajoute aussitôt, précision cruciale, que ce déterminisme inconscient, il ne pourra, seul, le défaire. Voilà l'intérêt, comme il le pointe, de la psychanalyse : de supposer un déterminisme qui dépasse le sujet mais dont la clef d'extraction est laissée à la guise de celui qui en souffre. Oui, nous ressemblons beaucoup aux machines, mais non, nous ne sommes pas des robots. Il nous reste cette miette de liberté qu'est le désir de savoir.

🔍 Vocabulaire

La cybernétique : Aujourd'hui plus personne ou presque ne sait ce que le terme de cybernétique signifie ni à quoi renvoie ce mouvement qui prit naissance au lendemain de la Seconde Guerre mondiale aux USA. Le cyborg, qui en procède, en est un bel exemple : néologisme tourné vers l'avenir, il signe maintenant l'ancienneté des ouvrages de science-fiction qui l'utilisent. La cybernétique est tombée dans l'oubli. Est-ce parce que le projet de tout saisir à l'aune du message, de voir dans l'entropie la mère de tous les maux, de travailler à la réécriture du programme humain au nom d'un avenir plus radieux s'est estompé ? Absolument pas. La cybernétique n'est pas morte faute d'avoir pu convaincre : au contraire, elle s'est imposée presque partout. Elle a perdu son nom originel, tout en infiltrant tous les champs du savoir. On a oublié la cybernétique, parce qu'il n'y a plus rien de révolutionnaire à supposer que tout, désormais, est reprogrammable.

Portée

La psychanalyse commence lorsqu'un analyste fait entendre une écoute à nulle autre pareille, ouvrant par là un espace d'expression inédit. À l'analysant d'en saisir l'opportunité afin de découvrir ce qu'il ignorait penser et de risquer ce qu'il croyait savoir. C'est donc à lui, en dernière instance, que revient la lourde tâche d'interpréter.

Miroir, mon beau miroir, dis-moi qui est la plus belle ?

> « *Quel est donc cet autre à qui je suis plus attaché qu'à moi, puisqu'au sein le plus assenti de mon identité à moi-même, c'est lui qui m'agite ?* »
>
> L'instance de la lettre dans l'inconscient ou la raison depuis Freud, Écrits, page 524.

Idée

La psychanalyse est entreprise commune : les interprétations de l'analyste ne sont jamais plus belles que lorsqu'elles préparent celles de l'analysant. À l'écot de l'un doit répondre le désir de savoir de l'autre. Cheminant ainsi, de déconvenue en découverte, l'expérience analytique ne manque pas de rencontrer les grandes et majeures figures qui ont le plus compté pour le sujet.

Contexte

Pour qui s'attache à la lecture des *Écrits*, *L'instance de la lettre* est un des textes les plus importants. À la parole pleine, qui se trouve au principe des textes antérieurs, succède le couple métaphore-métonymie. Cette relance aura des conséquences dans tous les compartiments de la théorie lacanienne. C'est dire l'importance, quand presque tout change, de ce qui perdure encore.

Commentaire

On vient de le voir, l'analyse ni ne démarre n'importe comment ni ne se trouve alimentée par n'importe quel carburant. Une certaine écoute, entrecoupée d'interprétations précieuses, rend possible et sollicite un désir d'en savoir plus : la pratique de la libre association ne fait pas tout, il convient encore à l'analysant d'y mettre du sien et d'oser proposer lui-même ses propres lectures. Cette démarche, d'ores et déjà encadrée, se resserre encore de déboucher, pendant longtemps, sur la même impasse. Ainsi, dès *L'au-delà du principe de réalité*, qui date de 1936, à la page 85 des *Écrits*, Lacan dessine la fin d'analyse dans l'effondrement d'une identification insoupçonnée. Vingt plus tard, il semble encore exactement soutenir la même chose, comme l'indique la citation mise en exergue. Qu'est-ce que cela signifie ? Pourquoi y a-t-il toujours, au cœur d'une vie humaine, la croix d'une identification malheureuse ?

Reprenons notre citation. Comme d'habitude, Lacan est très précis. À l'endroit du plus confortable, ce n'est pas la sécurité et le douillet que le sujet expérimente. C'est-à-dire que la certitude constitutive tout à la fois de la nature du monde et de l'identité du sujet recèle d'une terrible vérité. Ce lourd secret, c'est celui que Lacan estime avoir mis au-devant de la scène, en même temps qu'il s'est lui-même fait connaître une première fois à la communauté psychanalytique. Il s'agit bien sûr du stade du miroir.

On l'a dit, malheureusement le stade du miroir a néanmoins l'inconvénient, en raison de son importance, d'être une pièce constamment retravaillée par Lacan. D'un côté, il fait croire en l'existence d'une solution tout ce qu'il y a de plus fixe et précieuse, de l'autre, dans le détail, il se charge plutôt de toute une série de difficultés supplémentaires. Avec le stade du miroir, de loin l'on voit le phare et de près les récifs. Cette ambiguïté qui pourrait désarçonner convient ici à merveille. Elle exemplifie en effet ce que sa complexe théorisation croissante ne cesse de rappeler : l'identification ne fait jamais que miroiter une solution, sans l'apporter et quoiqu'elle ne soit pas sans effet, elle reste illusoire d'être décevante. Voilà pourquoi, au-delà des différentes versions lacaniennes, le stade du miroir peut toujours se résumer par le lapidaire constat d'une erreur sur la personne. Reprenons cela rapidement une fois encore.

Lacan, on le sait, accorde tout d'abord la plus grande importance au fait de la prématuration. Il considère que l'homme est l'être oublié de la nature, d'où en lui cet effet si particulier de l'imaginaire qui est l'identification spéculaire. Celle-ci, pour nous, a quelque chose de déroutant : peut-on bien dire d'un enfant au miroir qu'il s'y identifie, puisqu'il y est ? Ne devrait-on pas dire qu'il s'y reconnaît plutôt ? Non, il s'y identifie bel et bien. Il s'y identifie en cela que Lacan ne recule pas à penser que ce processus mental n'est pas sans effet sur la physiologie du jeune enfant, relançant le processus de terminaison organique. Toutefois, celui-ci sera désormais irrémédiablement entaché par cette immixtion d'imaginaire, incapable donc de se suturer complètement et d'arriver à l'unité du vivant. L'homme est l'être qui se fait le rival de lui-même. De cela, nous avons déjà parlé. Ajoutons-y maintenant ce point crucial. L'identification secrète une satisfaction profonde, puisqu'elle offre au sujet désemparé une solution inespérée à un problème insoluble. Mais cette satisfaction est terriblement ambiguë : ce qu'elle nous offre d'une main, elle l'enlève de l'autre. Le stade du miroir, dans le *Séminaire I*, est schématisé à partir du couple O-O', et nous avons rappelé que toujours l'imaginaire opprime. Pourquoi ? Mais parce que le miroir lacanien est retors : ce qu'il montre d'un côté est précisément ce qui ne se trouve pas de l'autre ! À partir du moment où ce qui se donne à voir en O' ne l'est que d'être absent en O, on comprend que l'identification blesse en même temps qu'elle séduit.

🔍 Vocabulaire

L'identification : L'identification est un des concepts fondamentaux de la psychanalyse, autrement dit un des plus compliqués à saisir. D'abord, son mécanisme permet de se rappeler que l'homme est d'abord pâte informe et qu'il ne se colore qu'au contact d'autrui. L'entourage est donc déterminant, déterminant comme peut l'être la liste des ingrédients fournis au cuisinier. Ensuite, pour bien saisir en quoi elle consiste, il ne faut pas perdre de vue le fait que l'identification offre un rôle à un acteur, qui certes sans cela ne monterait pas sur scène, mais s'avère néanmoins être toujours un rôle à contre-emploi. Le costume dont elle l'affuble ne lui convient guère. Elle est donc toujours malheureuse, mais c'est dans ce ratage même que réside le jeu laissé ouvert à l'investigation analytique.

Portée

L'expérience psychanalytique conduit ainsi celui qui s'y soumet à prendre conscience du rôle qu'il jouait sans le savoir sur une scène invisible pour un public inexistant. Quel maigre plaisir il retirait alors de l'existence ! Le pauvre y tenait pourtant, n'ayant pas idée qu'il est possible de profiter d'autre chose dans la vie que de cet amer mensonge.

Le vrai est toujours neuf

> « … la terminaison de l'analyse, la véritable, […] ne doit-elle pas à son terme affronter celui qui la subit à la réalité de la condition humaine ? C'est proprement ceci que Freud, parlant de l'angoisse, a désigné comme le fond où se produit son signal […] où l'homme dans ce rapport à lui-même qui est sa propre mort […] n'a à attendre d'aide de personne. »

Séminaire VII, page 351.

Idée

Une cure analytique conduit toujours à égrener la série des identifications qui composent l'identité du sujet, afin d'abattre à sa racine cet arbre de pendus. Mais c'est pourtant en termes d'angoisse que Lacan décide, dans le *Séminaire VII*, d'épingler la fin d'analyse. Pourquoi ?

Contexte

Lacan a proposé, dans le cadre à la fois restreint et gigantesque des *Écrits* et des séminaires contemporains plusieurs versions de la fin d'analyse. De chacune d'elles il y a quelque chose à apprendre, mais peut-être celle extraite de *l'Éthique de la psychanalyse* jouit-elle d'un privilège rare : extraite de la séquence qui la précède et anticipant sur celle qui vient, elle semble rester tout entière vraie, quel que soit le contexte. La partie analytique, mue par une éthique tragique, parce que dominée par l'idée que l'homme est conduit sourdement par un destin digne des Grecs, ne s'achève-t-elle pas sur une angoisse réassumée ?

Commentaire

Dire de l'analyse qu'elle s'achève dans la redécouverte de l'angoisse n'est pas très original. Heidegger avait déjà mis à l'honneur cet affect spécial. De quelle manière Lacan l'exploite-t-il à son tour ? Pour répondre à cette question, intéressons-nous à un texte qui de manière époustouflante l'illustre à merveille. Il s'agit de l'apologue des trois prisonniers présent dans *Le temps logique et l'assertion de certitude anticipée*. Dans ce texte, Lacan raconte tout d'abord une énigme. Un directeur propose une épreuve à trois prisonniers : celui qui la résout proprement gagnera par là sa libération. Dans le dos de chacun d'eux, un disque va être posé, chaque prisonnier voit ceux de ses camarades mais doit deviner le sien. Il sait enfin que les disques sont prélevés parmi une liste de trois blancs et de deux noirs. Un facétieux hasard conduit à la distribution des trois blancs… Comment résoudre l'énigme ? Elle est apparemment insolvable ! À voir deux noirs, il n'est pas compliqué de saisir que l'on est blanc. À voir un noir et un blanc, la solution est encore accessible : il suffit en effet de se mettre à la place du blanc, pour, une fois acté et interprété son immobilité, en déduire que l'on est soi-même blanc. Mais, tout le monde voyant deux blancs, comment trouver la solution ? Il faut se supposer noir, et réussir à oublier qu'un des deux prisonniers affublés d'un disque blanc l'est. Il peut donc reprendre à son compte la ligne argumentative antérieure. Lui, en effet, ne sachant pas sa couleur et voyant, dans notre hypothèse, un noir et un blanc peut, devant l'immobilité du blanc, déduire qu'il n'est pas noir. Or, personne ne bouge : c'est donc que l'hypothèse d'être noir est fausse. Ainsi, il semble bien que l'énigme lacanienne se résolve d'une part en ayant l'intelligence de prélever de l'inaction des prisonniers une information manquante, d'autre part en n'oubliant pas que celui dont nous voyons la couleur du disque l'ignore lui-même.

Cela est très intéressant… mais n'a aucun rapport avec l'angoisse. Mais c'est qu'il n'y en a jamais aucun quand il s'agit de logique ! Cette discipline s'adresse en effet à tout le monde, autrement dit à personne. Lacan le sait bien, et c'est pourquoi il s'amuse à distordre la solution et lui ajoute, en faux sophiste mais vrai habile, une conclusion qui en fait dérailler l'impeccable logique. Après tout, la solution de l'énigme repose sur l'inaction des prisonniers, et il suffit donc d'imaginer que nous ne soyons pas seulement dans le cadre d'une douillette réflexion mais d'une embarrassante situation réelle, pour que tout change. Les trois blancs s'avancent de concert, puis s'arrêtent interdits : ils avaient donc tort. Mais non, ils avaient au contraire raison, puisque les autres s'interrompent à nouveau… Et voilà comment cette petite énigme, par la magie lacanienne, se transforme en course éperdue à la vérité. La logique anonyme laisse place à l'angoisse d'une certitude menacée, où la validité du raisonnement qui efface le sujet se trouve rattrapée par l'urgence d'un acte à l'issue incertaine.

Sous la forme la plus simple, l'énigme illustre ainsi ce qui est amené à devenir la parole pleine, à savoir le passage d'un imaginaire qui aveugle à un symbolique qui libère, mais elle donne également l'exemple de la traversée du fantasme. Dans les deux cas de figure, l'angoisse signale l'effondrement des certitudes et ne se résout que dans une dangereuse action en première personne.

Vocabulaire

Antigone : Lacan dans le *Séminaire VII* commente *Antigone*. Mais que diable y lit-il de plus que ce qu'il avait précédemment dégagé à la lecture de cette autre géniale invention sophocléenne qu'est Œdipe ? Les deux ne sont-ils pas marqués du sceau du destin et condamnés au pire ? Certes, mais il y a toutefois des différences. Œdipe, condamné dès avant sa naissance, vient après son crime, tandis qu'Antigone n'existe que pour le commettre. Mais pourquoi le commet-elle donc ? Parce qu'il n'y a personne d'autre pour le faire, hélas ! Et c'est toujours comme cela : le destin qui après coup sera jugé écrit d'avance n'apparaît, pour celui qui se l'invente, que comme la libre acceptation d'une mission à remplir, d'une tâche à affronter, d'une tache à effacer. Si elle agit, c'est parce qu'elle n'attend plus rien de personne. Ainsi, Antigone, plus que son frère, c'est l'Autre de l'Autre qu'elle enterre !

Portée

Nous ne croyons plus au sphinx et nous avons tort. Comme Œdipe, nous avons été confrontés à un être étrange et effrayant, mi-femme et mi-monstre. Et comme lui, pour éviter de nous faire dévorer, nous avons dû trouver la parade. Mais dans l'histoire que conte la psychanalyse, toutes les réponses conviennent… d'être pareillement mauvaises. Infortunés comme Œdipe, mais pas aussi malins que nous le pensions, nous en payons le prix en croyant savoir qui nous sommes. Heureusement la psychanalyse est là ; elle nous offre la possibilité d'affronter à nouveau l'énigmatique désir de l'Autre, sans devoir, cette fois, être contraint de faire sans blanc.

Conclusion

> « Mon ambition a été plus grande que moi. »
> *Séminaire II*, page 203.

Notre modeste travail de relecture d'un certain nombre de points de la pensée gravitant autour des *Écrits* arrive à son terme. Il a été piloté par le souci de donner une idée du bénéfice qu'il y a à se confronter aux textes de Lacan, car les énigmes qu'il affronte sont aussi un peu les nôtres. Mais sa pensée est une galaxie, dont nous venons avec peine d'explorer une trop petite portion… Alors, une dernière fois, repartons à l'aventure et risquons l'interprétation d'un de ses dits mémorables. Mais parmi les si nombreux qui mériteraient d'avoir à figurer parmi la courte liste des retenus, lequel choisir ? Confronté à une difficulté similaire au moment de boucler notre ouvrage sur Freud, nous avions finalement opté pour une citation spéciale… d'être elle-même, sous la plume de Freud, la phrase d'un autre. Situé au seuil de *L'interprétation des rêves*, le vers de Virgile *Flectere si nequeo superos acheronta movebo* nous avait semblé exprimer beaucoup de l'entreprise freudienne naissante. Pourquoi ne pas faire de même avec Lacan et prélever dans son texte une citation pareillement exceptionnelle ? À chercher de la sorte, pour nous une sort immédiatement du lot : il s'agit de celle mise en exergue où Lacan fait parler Freud… imaginant la réponse que donnerait l'inventeur de la psychanalyse à la question que lui, Lacan, lui pose ! Avec ce « Mon ambition a été plus grande que moi » l'immixtion de ces deux hommes hors du commun atteint là un sommet.

Quel est donc le contexte de cette citation si singulière où Lacan, ouvertement pour une fois, prête sa voix à Freud ? Nous sommes au cœur de l'important *Séminaire II*. Lacan n'a pas encore délivré son analyse de *La Lettre volée*, mais la prépare en affirmant que Freud, en train d'inventer la psychanalyse en interprétant ses rêves, s'adresse à la communauté analytique à venir. Il est entendu que celle-ci n'existe pas encore au moment où Freud s'y attelle. Lacan enseigne donc par là que tout un chacun doit savoir y faire avec cette sorte de bouteille à la mer qu'est le message rencontré. Logiquement, les analystes devraient, avec Lacan, se sentir concernés par les travaux de Freud et ne pas reculer donc à penser qu'interprétant au début du XXe siècle ses rêves, il s'adresse à eux, c'est-à-dire qu'eux-mêmes s'en font les destinataires embarrassés. Nous retrouvons là, sous une autre forme, le « tu es celui qui me suivra(s) » de notre introduction. Mais dans le passage qui nous intéresse, Lacan ajoute autre chose, ou plus précisément n'ajoute rien mais précise sa pensée. Il rappelle en effet qu'il est strictement impossible, à quiconque parle pour de bon, d'être le maître du sens de ce qu'il énonce. La phrase, en tant que telle, peut sembler anodine ; elle ne l'est aucunement. Elle affirme en effet que celui qui s'adresse à nous, dès avant notre naissance, ne le fait que parce qu'il nous lègue une énigme dont la solution nous concerne intimement. Ce fameux interlocuteur qui nous attendait depuis si longtemps, n'est pas un maître qui nous donnera le mode d'emploi de l'existence qui nous faisait cruellement défaut, mais l'auteur d'un discours en grande partie énigmatique, dont nous pressentons néanmoins qu'à s'y confronter, aux questions partagées des réponses personnelles pourront s'écrire.

Ainsi, quand Lacan dit que Freud s'adresse à lui, il signifie par là qu'il entreprend de déceler dans l'impensé que véhicule immanquablement son texte, l'étoffe de sa propre théorie à inventer. Et c'est très précisément ce qu'il réalise juste avant de conclure son analyse par la citation mise en exergue. Lacan soutient que le texte freudien ne peut pas, aussi clair soit-il, ne pas receler d'énigmes dont la résolution alimentera la propre réflexion de celui qui s'y confronte. Pourquoi ne pas en faire la démonstration sur un point essentiel ? On sait l'importance que le rêve de l'injection faite à Irma a pour Freud. N'est-il pas au commencement de *L'interprétation des rêves*, n'est-il pas le premier à avoir été déchiffré ? N'est-il pas celui dont la résolution fera espérer à Freud qu'un jour une plaque vienne à jamais commémorer sa découverte ? Le rêve de l'injection faite à Irma est une pièce majeure dans l'invention de la psychanalyse. Alors, si Lacan a raison, d'une part, il doit receler d'une incontestable énigme et, d'autre part, sa résolution ne peut que nourrir la théorie lacanienne au même niveau principiel.

Or, c'est là précisément, de manière magistrale, ce que réussit à montrer Lacan. En ce qui concerne l'énigme inhérente au texte freudien, elle est simple à soulever. Freud en fait le rêve des rêves, mais ne semble pas embarrassé par le fait qu'il n'y découvre aucun autre désir que celui-là même qui l'animait dans la journée. Or qui ne sait que la thèse de son livre avance l'hypothèse de désirs inconscients ? Il est donc pour le moins gênant que le rêve qui serve à illustrer la thèse semble en réalité la contredire. Voilà l'énigme. Lacan évidemment ne l'évoque pas pour mettre en porte-à-faux Freud, mais pour indiquer, tout au contraire, qu'il y a bel et bien un secret précieux dans ce rêve, même si son déchiffreur ne peut, au moment où il l'énonce, l'élucider. Alors, de quoi s'agit-il ? Mais de rien d'autre, bien sûr, que de la thèse lacanienne elle-même en train de s'écrire ! Cette fameuse formule de la triméthylamine qui saute aux yeux de Freud, elle n'est rien d'autre que l'expression de la réalité de cet ordre symbolique que Lacan commence d'explorer. C'est elle qui tout à la fois, comme nous l'avons vu, assure en son ambiguïté la couture salutaire d'un sujet mal engagé dans l'existence d'être en proie à un corps morcelé et l'inscription sanglante dans une lignée qui le dépasse. Le rêve de l'injection faite à Irma ne traite-t-il pas en effet de cette horreur intime de la chair informe que cache mal l'image de l'autre et de cette chaîne infinie qui nous dépasse, mais que le chiffre trois résume admirablement ? Ainsi, Lacan, prenant au sérieux l'énigme que lui laisse l'inventeur de la psychanalyse, retrouve en la résolvant sa propre théorie en gestation. Freud nous dit qu'il accomplit un pas gigantesque en interprétant le rêve de l'injection faite à Irma, mais il n'est pas simple de voir en quoi il consiste… Lacan nous propose sa solution. Sans le mot, nous ne pourrions survivre dans un monde où l'image cache mal l'informe qui lui fait face, mais à cause du mot, nous voilà écartelé en trois, d'être au milieu d'une chaîne qui commença avant nous et se prolongera après nous.

Voilà qui est déjà énorme, mais ce n'est pas tout. Lacan, après s'être demandé ce que Freud avait réellement découvert s'interroge ensuite sur la vraie nature de son sentiment de culpabilité. Freud cherche à se dédouaner, mais quelle faute a-t-il commise ? De quelle transgression s'est-il fait le coupable ? Au-delà de l'embarras à ne pas réussir à guérir sa patiente, Lacan pointe une responsabilité plus grande encore : c'est celle qui consiste à acter le caractère clownesque du monde ambiant. Les médecins qu'il appelle à sa rescousse lui racontent en effet n'importe quoi, et avec eux, c'est le monde assuré du savoir qui s'effondre. Personne ne sait ce qu'elle a Irma, en fait. Et c'est pour cela que tout le monde fait semblant de savoir ! Et tout le monde, toujours, fait semblant de savoir. Mais Freud, lui, ne joue plus. Le voilà pris à son propre piège, embarqué par une ambition qui le dépasse de le prendre au mot. La faute dont il cherche à se défendre n'est donc rien d'autre que celle d'avoir à répondre en première personne. Toutefois, la découverte de la formule de la triméthylamine ne le récompense-t-elle pas d'avoir transgressé l'universelle loi du silence et du semblant ? Disons qu'elle le métamorphose. C'est bien ce que nous confie Freud, et c'est bien ce qu'expérimente Lacan, de constater que sa folle certitude d'en savoir plus que les autres sur l'inventeur de la psychanalyse, prise au sérieux, le convoque à une place dont il n'est plus très sûr de l'avoir désirée. Comment le pourrait-il, puisqu'à cette autre place, c'est à lui désormais de faire tout le travail, embarqué dans une histoire qui dorénavant le dépasse ? Avec « mon ambition a été plus grande que moi » Lacan montre donc par l'exemple comment répondre de la bonne manière à l'admiration qui nous convoque. Et ce faisant, n'offre-t-il pas à chacun, la possibilité de faire à son tour l'inquiétante épreuve d'un saut dans l'inconnu ? À qui prend en effet au sérieux son « tu es celui qui me suivra(s) », ne devient-il pas inéluctable de se confronter à la belle mais angoissante interrogation : « Qui suis-je, qui suis-je moi qui suis Lacan, qui suis-je moi qui suis Lacan sans l'être ? »

Courte bibliographie des textes lacaniens

L'œuvre de Lacan est immense, et d'une rare complexité ; il est donc malaisé d'en proposer une bibliographie simple et introductive. Risquons-en une néanmoins. On peut commencer par rappeler que deux gros blocs la composent : d'un côté les séminaires, que le travail de Jacques-Alain Miller nous permet de découvrir, de l'autre les *Écrits*, ensemble de textes que Lacan ramassa en 1966. À ce couple majeur s'ajoutent depuis peu des transcriptions de conférences ou d'interventions réalisées en marge du séminaire, et publiées aux éditions du Seuil dans la collection « Paradoxes de Lacan ». Ces petits livres, où l'on trouve par exemple un tonitruant « je parle aux murs », constituent d'excellentes prises de contact avec l'inimitable style lacanien. En ce qui concerne les séminaires, nettement plus développés, et qui exigent donc une lecture plus patiente, plusieurs stratégies de lecture cohabitent. Comme Lacan consacre en somme une année de travail à un thème particulier, pourquoi ne pas se laisser guider par les titres en fonction de ses propres centres d'intérêt ? Nul doute, par exemple, que les séminaires sur l'angoisse ou sur l'éthique de la psychanalyse seront précieux à ceux que ces questions agitent. Toutefois, comme la démarche lacanienne forme une série où les conséquences prisent au sérieux obligent à revisiter les principes qui les ont vu naître, afin que de nouvelles positions fondamentales émergent, il semble impossible de ne pas se soumettre, parallèlement aux lectures thématiques, à l'examen chronologique. La série des six premiers séminaires offre à cet égard un exemple remarquable de la manière dont Lacan travaille. Malgré tout ce qu'il est possible d'en retirer, et qui est immense, Il n'en reste pas moins que les séminaires appartiennent à l'œuvre orale de Lacan, ce qui n'est pas le cas de ses *Écrits*. À n'en pas douter, il s'agit là d'un recueil de textes qui compte parmi les plus importants du siècle. Alors, après s'être fait offrir ce bijou d'écriture, comment l'aborder ?

L'idéal serait de pouvoir, à partir d'un signifiant choisi, en suivre les pérégrinations de texte en texte, et ranimer par là les problèmes et solutions que Lacan égrène. Mais ce but n'est pas simple à atteindre… pour commencer plus modestement, pourquoi ne pas choisir un texte et s'y rompre ? À cet égard, tous ou presque constituent de bons candidats. Une fois cette première lecture engagée, pourquoi ne pas poursuivre par le trio qui scande l'ensemble, à savoir *Fonction et champ de la parole et du langage*, *L'instance de la lettre ou la raison depuis Freud*, *Position de l'inconscient* ? Le premier de ces textes pose en effet un programme de recherche, le second le relance et le dernier est dit l'achever. Achèvement très lacanien, puisqu'il ouvre lui-même sur une autre séquence, dont le recueil publié par Jacques-Alain Miller, sous le titre *Autres Écrits*, scande les grands moments. Mais ces derniers textes, en raison de ce qu'ils supposent, ne doivent sans doute pas être étudiés en premier.

Achevé d'imprimer en septembre 2018
Dépôt légal, septembre 2018 / N° d'impression 1806.0398
Imprimé en France